北京市属高等学校人才强教计划资助项目

经济管理学术文库·管理类

投资者的保护路径
——基于内部控制的研究

The Path Analysis of Investor Protection
—Based on Internal Control

杜海霞／著

经济管理出版社
ECONOMY & MANAGEMENT PUBLISHING HOUSE

图书在版编目(CIP)数据

投资者的保护路径——基于内部控制的研究/杜海霞著. —北京:经济管理出版社,2012.11
ISBN 978 – 7 – 5096 – 2159 – 2

Ⅰ.①投… Ⅱ.①杜… Ⅲ.①企业内部管理 – 研究 Ⅳ.①F270

中国版本图书馆 CIP 数据核字(2012)第 264841 号

组稿编辑:王光艳
责任编辑:魏晨红
责任印制:杨国强
责任校对:超 凡

出版发行:经济管理出版社
　　　　　(北京市海淀区北蜂窝 8 号中雅大厦 A 座 11 层　100038)
网　　　址:www. E – mp. com. cn
电　　　话:(010)51915602
印　　　刷:三河市延风印装厂
经　　　销:新华书店
开　　　本:720mm × 1000mm/16
印　　　张:11. 75
字　　　数:180 千字
版　　　次:2013 年 3 月第 1 版　2013 年 3 月第 1 次印刷
书　　　号:ISBN 978 – 7 – 5096 – 2159 – 2
定　　　价:38. 00 元

前　言

　　投资者保护应该包括两个层次:一是基于投资者整体的同质性(相比于经营者而言),保护全部投资者的利益;二是基于投资者群体内部的异质性,关注对中小投资者利益的保护。投资者保护的两个层次并不矛盾,因为对中小投资者利益保护的最终目标是为了保护投资者整体的利益。由于在我国资本市场上,大股东对中小投资者利益的侵害比较严重,所以对中小投资者的保护是投资者保护的重中之重。内部控制对投资者保护的作用不容置疑。但是,内部控制对投资者保护的作用机制尚不明了。本书在对内部控制进行评价的基础上,对内部控制的投资者保护路径进行了创新性研究。

　　本书首次基于契约视角,识别与认定了内部控制缺陷。在现有自愿披露制度背景下,以契约为基础的内部控制缺陷认定无疑是最优选择。即使今后强制公司披露内部控制缺陷,基于内部控制的复杂性、公司披露内部控制缺陷的审慎性、会计师事务所内部控制审计的局限性,以契约为基础认定的内部控制缺陷亦可被视作有益的补充与验证。

　　同时,本书将财务报表审计纳入内部控制对会计信息质量影响的分析框架,并实证检验了外部审计对内部控制的替代效应。实证检验结果证明,外部审计的替代效应比较弱。所以,当内部控制存在缺陷时,财务报表审计并不能有效抑制其对会计信息质量的消极影响效应。所以,研究内部控制对投资者保护的路径是有意义的,强制对内部控制进行审计也是有必要的。这也为我国上市公司内部控制信息的强制披露与审计提供了政策依据和支持。

　　本书创新性地将内部控制、会计信息质量、投资者保护纳入一个分析框架,采用结构方程模型对三者之间的路径系数进行了计算,实证检验了内部控制对投资者保护的综合路径影响效应。本书首次基于投资者保护的视角,以实证检验结果证实了全面口径的内部控制比财务报告内部控制更加重要。并且,首次实证检验了内部控制信息含量市场定价不足的现状,为内部控制信息的强制披露提供了实证检验证据。

　　所以,本书不仅具有一定的学术创新性,对未来内部控制的理论研究具有较强的借鉴意义,而且为内部控制相关法规制定提供了有价值的政策性建议。

目　录

第一章　导　论

本章在对投资者保护已有研究进行回顾的基础上,阐述了投资者保护的理论与现实研究意义,并创新性地提出了内部控制对投资者保护的直接与间接路径。

第一节　选题背景

自 La Porta 等人开创性地研究了法律法规对投资者保护的作用后,越来越多的研究开始关注对中小投资者的保护。诸多研究发现,股权集中的公司中,大股东对中小股东的利益侵占是主要的代理问题。Johnson 等(2000)使用"掏空"(Tunneling)描述了控股股东转移和侵占公司资源的行为。在我国,大股东对中小股东利益侵占的现象更是屡有发生。中国上市公司大股东侵害小股东的程度远高于美英国家(唐宗明和蒋位,2002),控股股东与小股东之间存在严重的代理(余明桂和夏新平,2004),而且目前我国的法律总体上并不保护中小股东利益免受大股东和其他内部人的侵犯(刘峰等,2004)。有鉴于此,如何更好地保护中小投资者的利益受到越来越多研究者的关注。当然,如前所述,对中小投资者利益的保护最终是为了实现整体投资者利益保护的终极目标。基于我国大股东对中小股东利益侵占程度较为严重的现状,本书将着眼于对中小投资者保护的视角,完成内部控制对投资者保护的路径研究。

虽然近年来国内外关于投资者保护的研究取得了丰硕的成果,但是,现有文献往往局限于法律法规对投资者保护作用的研究(La Porta 等,1998、2000)。研究相对宏观,未能深入分析投资者保护具体实施机制。从法律的视角去研究投资者保护有诸多优势,但其最重要的缺陷是,它无法从根本上解释在同质的法律环境下,不同企业投资者保护的异质性。所以,有必要从更微观的视角重新审视投资者保护的机制。

内部控制对投资者保护路径的研究是从微观视角研究投资者保护的最好切入点。即使在法律统一强制规范下,不同企业的内部控制仍然会呈现不同的特质,这也是对不同企业投资者保护异质性的最好诠释。事实上,内部控制对投资者保护的天然优势,源于其起源与发展的最根本动因。内部牵制是内部控制的早期阶段。内部牵制措施最早应用于国家和政府财产管理的过程中。因为国有财产具体使用者并非真正意义上的所有者。财产所有者与使用者之间就产生了代理关系。而代理关系的存在使得二者关于财产具体状况的信息具备了不对称性,这就使得财产被盗(滥)用成为可能。内部牵制由此产生。因此可以认为,内部控制机制的存在源于解决代理和信息不对称问题而需求。代理问题及信息不对称正是投资者保护的核心所在。所以,自起源之初,内部控制在投资者保护方面就拥有其他机制无法比拟的优势。

现有研究认可内部控制对投资者保护的作用。但是,内部控制行为的不可直接观测性,决定了其研究在长期以来一直处于理论探索阶段。直到2002年度《萨班斯法案》(以下简称SOX法案)的颁布,内部控制才涌现了大量的实证研究成果。国外的实证研究多是从信息披露的经济后果(权益资本成本变动、市场价格变动、分析师预测)去分析信息对投资者的有用性,而未能直接研究内部控制对投资者利益的保护(尤其是对中小股东利益的保护,如减少控股股东对上市公司资金占用等)。在中国现有的制度环境下,内部控制信息披露信息含量不足,有必要从不同于信息披露的全新视角去研究内部控制对投资者保护的路径。内部控制可以被划分为公司层面和业务层面,对投资者保护的程度也会有所不同,但究竟内部控制的哪一方面与投资者保护更为相关,亦尚未有研究进行比较与深入研究。

法律法规对内部控制的规范仍然遵循了最传统的思路:如果无法观测到公司的行为,于是强制公司披露信息。可是因为行为的无法观测性,又如何确认公司披露信息的可靠性呢?于是诸多的监督被引入内部控制行为和信息的监测过程中。事实上,财务报告也是基于企业经营管理行为的不可观测性而产生,外部审计的引入则是为了增加披露信息的可靠性。2008 年 6 月 28 日,财政部、证监会、审计署、银监会、保监会五部委联合发布了《企业内部控制基本规范》,2010 年 4 月 15 日,五部委又颁布了《企业内部控制配套指引》。我国《企业内部控制基本规范》及《企业内部配套指引》的颁布,要求在境内外同时上市的公司自 2011 年 1 月 1 日起披露内部控制自我评价报告和内部控制审计报告,在上海证券交易所和深圳证券交易所主板上市的公司则于 2012 年 1 月 1 日执行该规定。按照这一规定,我国上市公司内部控制自我评价及审计的双重评价体系将逐步建立。该评价体系具有两面性:一方面,双重评价体系的设计及相关信息的强制披露可以降低企业信息不对称程度,完善公司治理机制,提高公司盈余质量,促进对投资者利益的保护;另一方面,双重评价体系会增加企业的成本,为企业带来沉重负担,反而不利于投资者利益的保护。SOX 法案引致的巨额制度遵循成本,使得在进行制度选择时最至关重要的问题成为:是否强制要求? 对谁强制要求? 我国目前划分内部控制相关法规遵循及何时遵循的标准是:公司上市地点。很显然,这并未考虑和综合权衡内部控制评价的经济后果。关于内部控制自我评价报告,SOX 法案要求所有上市公司必须一视同仁地强制披露;但是,按照 Dodd – Frank Wall Street Reform(2010)的规定,规模较小公司内部控制被强制审计的责任最终得以免除。这一决定源于对成本与收益的最终权衡。那么,在我国,强制所有的上市公司都进行内部控制自我评价与内部控制审计又是否有意义呢?

　　本书将基于投资者保护的视角,在我国现有的制度背景下,研究内部控制(公司层面和业务层面)对投资者保护的实现路径,并对我国上市公司内部控制对投资者保护的现状做出评价,为公司内部控制运行的完善及未来相关制度的选择提出相关建议。

第二节　研究意义

　　内部控制对投资者保护的作用是不言而喻的,但内部控制保护投资者的过程与作用机制尚不明了。我们是直接打开内部控制机制运行的"黑箱",还是通过研究内部控制对其他机制的作用和影响来反推其机制运行状况是值得推敲的。无论是美国的 SOX 法案还是我国的《企业内部控制基本规范》,都试图通过内部控制的信息披露和内部控制的审计来直接打开内部控制机制运行的"黑箱"。即使不去考虑内部控制信息披露自身的缺陷,SOX 法案巨额的制度遵循成本也足以让我们重视直接打开内部控制机制运行"黑箱"所必须付出的代价。由于不同企业内部控制的异质性,使得统一法律制度规范的实施效果有所不同,甚至有可能会出现相反的效果。

内部控制对投资者保护的研究兼具理论与现实两个方面的意义。

一、理论研究意义

本书拟以内部控制的本质为逻辑起点,构建内部控制的投资者保护框架。研究的理论意义主要有:

第一,基于内部控制本质的研究,认为内部控制的起源与发展内生于对投资者保护的需要。如果投资者投入企业的资源没有被侵占的风险,则不需要内部控制的存在,因为制度本身的制定与执行是有成本的。

第二,对内部控制对于投资者的保护机制进行了深入研究,包括内部控制对投资者保护的直接路径研究和内部控制对投资者保护的间接路径研究,构建了内部控制对投资者保护的完整框架。内部控制对投资者的保护是其内生性需要,这是不言而喻的。本书旨在阐释内部控制对投资者保护的过程机制。因为只有明确过程机制,才能更好地引导内部控制的良性健康发展,实现投资者保护的最终目的。

第三,从投资者保护的视角,对基于财务报告内部控制与内部控制本身的作用机制进行了探讨和研究。投资者保护目标不能实现的可能性即为风险,包括经营风险与信息风险。如果公司经营不好,则价值受损,整体投资者的利益都会受损。而信息风险则是中小股东利益受损的根源。SOX 法案之所以采取基于财务报告的内部控制口径,最根本的目的是保障财务报告信息质量,降低信息风险,这与本书构建的内部控制对于投资者保护的间接路径一致。本书构建的内部控制的直接保护路径则是指内部控制可以直接抑制大股东侵占,提高经营效率,从而增加未来公司现金流,提高公司价值。

第四,运用实证的研究方法,结合我国的制度背景,从公司层面控制和业务层面控制两个方面,对内部控制本身及其对投资者保护的程度进行了研究和评价。在构建内部控制投资者保护框架的基础上,将内部控制分类为公司层面控制和业务层面控制两大类,剖析其对投资者保护机理的不同,从而对内部控制的投资者保护的运行机制进行了更为深入的诠释。

第五,实证检验和分析了中国上市公司内部控制质量与会计信息质量之间的关系,并将外部审计作为内部控制系统的替代(补充),纳入内部控制对会计质量影响的分析框架。

内部控制合理保证财务报告的质量,已经作为内部控制的目标纳入包括 SOX 法案和《企业内部控制基本规范》等制度框架中,似乎已无研究的必要。但是,内部控制的目标是制度外加于其上的,是否符合内部控制的本质及其内在的需要是值得怀疑的。虽然从内部控制的发展阶段来看,似乎制度基础审计方法的运用促进了内部控制理论的发展,但是,事实上应该是外部审计人员寻求降低审计风险的努力推动了内部控制理论的发展。所以,内部控制质量与会计信息质量之间的关系更多的是审计人员的外部设定,而非其内在的发展需求。内部控制与会计信息质量仍然存在一定的逻辑距离,如果内部控制质量好,会计信息质量就一定好,那就无须进行实质性程序,只需要控制测试就好了。更何况内部控制的评价比会计信息质量的评价困难得多,而且内部控制的固有风险也决定了其对会计信息质量合理保证的局限性。外部审计本身的存在,也会影响到内部控制对会计质量作用的路径系数。

第六,本书虽然从内部控制的视角去研究投资者保护,但却将外部治理机制的作用融入内部控制对投资者保护的框架中。

之所以说外部治理机制的作用被融入内部控制的投资者保护框架,这主要是因为内部控制评价时,关于缺陷认定的数据主要来源于中国证券监督管理委员会(简称"证监会",下同)、深圳证券交易所(简称"深交所",下同)、上海证券交易所(简称"上交所",下同)的行政处罚数据和进行现场检查后出具的"责令改正决定书"的数据、公司年度报告中的诉讼与仲裁等数据。这些数据本身反映的就是外部治理机制监督检查的结果。

本书没有选用现行评价通常采用的结构性数据,如董事会规模、独立董事比例等,是因为这些结构性数据本身反映的只是表象,而内部控制运行是否良好的关键在于这些结构变量是否可以与企业的运营完美契合,所以这些结构特征变量具有内生性,企业不同,其最需要的结构特征也会不同。即使法律上对一些结构特征做出强制性规定,但其执行效果还是有待商榷的。我国关于独立董事比例的规定其实就是一个最好的例子。证监会于 2001 年度发布《关于在上市公司建立独立董事制度的指导意见》,对于董事会中独立董事的比例做了强制性规定,事实上,绝大多数公司都已遵从了法律的规定,但是,独立董事在公司治理中的实际效果却仍然不尽如人意。

二、现实研究意义

本书的研究是依托于我国现有的制度背景而完成的。所以,本书的研究既可以反映我国现有制度背景下内部控制运行的状况,又能为未来的制度制定与实施提供极富建设性的意见与建议。研究的现实意义主要包括:

(1)从投资者的角度来看,对内部控制投资保护程度的评价无疑为其投资提供了重要的参考依据。

本书基于我国现有制度背景对内部控制质量进行评价,所以,评价结果反映了我国内部控制的状况。前已述及,本书关于内部控制缺陷的数据来源于政府监管部门和年报公开数据,并且按照公司层面和业务层面进行了分类整理。相比结构性数据以及以"内部控制信息披露与否"作为内部控制质量评价指标而言,本书关于内部控制缺陷的认定相对准确,对于内部控制状况的评价更加客观和科学。

(2)从政策制定者的角度来看,本书对于内部控制的界定口径及是否有必要强制披露内部控制信息提出了有益的建议与思考。

关于内部控制口径有两种观点:一种是基于财务报告口径的内部控制;另一种是基于全面内部控制。SOX 法案将内部控制口径界定为基于财务报告内部控制。原因可能在于他们认为财务报告内部控制与会计信息质量最相关,而全面内部控制相对较难评价,成本也较高。我国《企业内部控制基本规范》及《企业内部控制配套指引》则将内部控制定位为全面内部控制。何种口径的内部控制与投资者保护更为直接相关,这无疑是一个值得探究的问题。

本书构建了内部控制对投资者保护的直接路径及间接路径,并对其路径系数进行了实证检验。如果内部控制投资者保护间接路径对投资者保护的贡献系数大于直接路径,则意味着基于财务报告口径的内部控制可以反映内部控制大部分信息。会计信息系统可以在很大程度上作为内部控制信息披露的替代机制,内部控制自我评价报告强制披露的必要性就会大大降低。反之,则意味着全面口径内部控制更加重要,内部控制自我评价报告强制披露的必要性也会大大提高。

内部控制缺陷认定的数据主要来源于政府监管部门及有关诉讼仲裁事项的披露,如果实证检验能够支持其与投资者保护水平负相关的结论,则证明政府监管可以视作对内部控制双重评价体系的替代或补充。这均可为日后制度的选择及适用范围提供理论和实践依据,并拓展了今后的研究思路。

(3)从管理人员的角度来看,内部控制投资保护程度的评价可以被视作一种外部监督机制,其披露内部控制相关信息时更加谨慎,从而信息也相对更加可靠。

(4)从企业的角度来看,能给予中小股东较好保护的公司具有更高的托宾 Q 值,有助于企业价值的提升(LLSV,1999)。

第三节　研究思路与主要研究内容

为了更好地阐述内部控制对投资者保护的研究,首先应明确内部控制的研究思路,即基于投资者保护目标,确定内部控制对投资者保护的路径。在此基础上,确定内部控制对投资者保护的具体研究内容。

一、研究思路

1. 界定投资者保护目标

对投资者的保护包括两个层面:投入资本的安全性及收益性。在我国现有制度背景下,大股东对中小股东的利益侵占是其投入资本安全性的最大威胁;大股东对中小股东利益的侵占方式主要包括:占用资金、非公允的关联方交易等。与以往研究采用已实现股票收益率或资产收益率不同,本书在评价投入资本收益性时,采用权益资本成本作为评价指标。之所以用这个指标是因为:①在我国资本市场上,股票收益率含有很大的投机噪声,净资产收益率只有建立在可靠会计信息基础上才会有评价的价值。但是,试想如果大股东侵占了小股东利益,必然会操纵会计信息隐瞒这一情况,会计信息如何可靠? ②权益资本成本本身是投资者凭借自己掌握的信息对公司风险的定价,反映了投资者的决策权利行使,而且低权益资本成本的公司能够更容易地以较低成本筹集到资金,这必然有利于公司价值的提升。而公司价值的提升是对全体投资者的最终保护目的所在。③按照资本资产定价模型,权益资本成本实质上就是市场期望收益率。期望收益率并非是投资者可以得到的收益,而只是对已预期风险的一种补偿,所以越高反而越不好,因为其值越高,意味着公司预期风险越大,反而不利于企业未来运营和价值水平提升。可以通过实证检验内部控制与中小投资者投入资本安全性和收益性的相关度来评价我国上市公司内部控制对投资者保护的程度。

2. 构建内部控制对投资者保护的框架

如图 1 – 1 所示,基于对投资者保护的视角构建内部控制对投资者保护框架。基于内部控制是直接还是间接作用于投资者保护,内部控制对投资者的保护被划分为直接和间接两大实现路径:①路径"a"是内部控制对投资者保护的直接实现路径,这是因为内部控制对投资者保护的效应是直接的,没有通过任何中介变量。②路径"b – d"是间接实现路径,内部控制通过影响会计质量,进而作用于投资者保护目标的实现,其对投资者保护的效应是间接的。虽然内部控制的直接路径和间接路径对投资者保护目标的影响互有交叉,但是内部控制的直接路径更侧重于对投资者投入资本安全性的保护,更加侧重于过程保护。间接路径则更侧重于对投资者收益权的保护,因为会计信息更有利于投资者对公司经营成果和财务状况进行准确判断,并据此做出投资决策(购买或出售)。从风险的角度上看,直接路径内部控制对投资者的保护更加侧重于直接抑制大股东侵占动机,提高经营效率,降低经营风险。间接路径更加侧重于信息披露的真实可靠性,降低投资者信息不对称的风险。

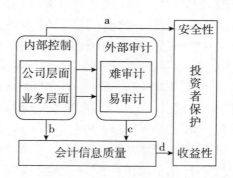

图 1 –1 研究框架

之所以将"内部控制—会计信息质量—投资者保护"的间接路径纳

入内部控制对投资者保护的框架,原因在于以下三点:

(1)公司披露内部控制缺陷的困难性。内部控制被划分为公司层面控制和业务层面控制。对于内部控制审计而言,公司层面和业务层面控制审计的难易程度是有差异的。例如,Moody's(2004)和 Jonas 等(2004)均认为业务层面的内部控制审计相对可行,而公司层面的内部控制审计是有一定困难的。但是,公司层面的内部控制更易导致重大缺陷的发生[①],更易影响投资者的决策。由此产生这样的疑问,当公司层面的内部控制存在缺陷时,公司主动披露它的动机较弱,而外部审计又存在审计的困难性,有没有其他的机制能够反映这一缺陷,从而更有效地实现对投资者的保护呢? 本书认为,会计信息系统可以作为内部控制,尤其是公司层面控制的一种替代或补充机制,从而实现保护中小投资者利益的最终目标,这也是我们将间接路径纳入内部控制投资者保护框架的重要动因。

(2)中小投资者获取和识别内部控制信息的困难性。中小投资者不能直接参与上市公司内部控制运行,因而不能直接获知内部控制运行情况。同时,由于我国投资者对内部控制的认同整体水平较低(杨雄胜等,2007),内部控制信息披露又多流于形式,无实质性内容(李明辉等,2003;杨雄胜等,2007;杨有红和汪薇,2008),所以在我国现有制度背景下,中小投资者亦不能从内部控制信息披露中识别内部控制运行情况以作为决策依据。因此,有必要研究内部控制信息披露的替代(补偿)机制对投资者保护的作用,即内部控制间接路径对投资者保护的作用。

(3)内部控制质量与会计信息质量的密切联系性。内部控制质量与会计信息质量具有极为密切的关系。De Franco 等(2005)认为市场之所以对公司内部控制缺陷披露作出反应,是因为内部控制质量能够影响公司盈余质量,而公司盈余质量在投资者投资决策中的作用至关重要。国外已有研究用会计信息质量(盈余的持续性、应计项目质量)和审计费用预测内部控制缺陷发生的可能性(Fung 等,2011)。亦有研究认为报表重述是内部控制缺陷存在的一个表现信号。例如,如果缺少报表重述的证据,审计人员判断内部控制缺陷设计是有困难的(Kinney 等,2011)。由于会计系统自身的成熟性和公众认可性,一旦可以证明会计信息能够足以

---

①本书按照《企业内部控制评价指引》的规定,将内部控制缺陷分为重大缺陷、重要缺陷和一般缺陷。在引用国外文献时,亦按这三个术语进行对应翻译。

反映内部控制的信息含量,则内部控制信息的强制披露与审计就不再必要,反之亦然。

3. 研究内部控制直接路径对投资者保护的程度

以 SOX 法案的颁布为契机,美国学者展开了一系列关于内部控制的实证研究,成果斐然。现有的很多实证研究均以内部控制缺陷的披露作为内部控制质量水平的代理变量。但是,因为只有重大缺陷(Material Weakness)才会强制要求披露,评价缺陷的重要性具备复杂性和主观性(Earley 等,2008;Wolfe,2009),不同公司在判断哪些缺陷属于重大缺陷时,其标准可能是不一致的(Ashbaugh – Skaife 等,2007;Doyle 等,2007a)。所以,以披露内部控制缺陷作为内部控制质量水平的代理变量有可能存在一定的偏差。截至 2010 年 12 月 31 日,我国对于内部控制自我评价和内部控制审计仍处于自愿阶段,即使是"披露的内部控制缺陷"这一代理变量,在我国现有制度环境下仍无足够的数据予以支持。所以,有必要从其他途径获取关于内部控制缺陷的数据。

按照 PCAOB(2007)第 5 号准则,内部控制被划分为公司层面控制和业务层面控制。公司层面的控制主要包括与内部环境相关的控制、针对管理层凌驾于控制之上的风险而设计的控制、企业的风险评估过程、对内部信息传递和财务报告流程的控制、对控制有效性内部监督和自我评价。业务层面的控制主要是指公司具体经营业务活动和相关事项的控制。公司层面控制与业务层面控制缺陷披露的经济后果是不同的,例如,不同层面的控制会影响投资者关于财务报告的信心(Asare 和 Wright,2008)、内部控制缺陷更正的及时性(GOH,2009)、审计的困难性(Moody's,2004;Bedard,2011)、中介机构的信用评级(Moody's,2004)。

本书借鉴 PCAOB(2007)和《企业内部控制审计指引》解释中关于公司层面控制和业务层面控制的分类标准,将内部控制分为公司层面控制和业务层面控制。实证研究关于公司层面控制和业务层面控制缺陷认定的数据来源包括:证监会、深交所、上交所的行政处罚数据和进行现场检查后出具的"责令改正决定书"、公司年度报告中的诉讼与仲裁披露及其他公开数据。对这些数据进行分类处理后,识别出内部控制的公司层面缺陷和业务层面缺陷。

4. 研究内部控制对会计信息质量的影响效应

虽然从直观上看,内部控制缺陷越严重,会计质量信息越低,投资者保护程度越差。但由于内部控制对财务报告的真实完整性只是一种"合理保证",这就意味着内部控制质量水平较高时,并不必然意味着会计质量就高,当内部控制存在缺陷时,会计质量未必就低。国外已有的实证检验结论也证明了这一点。例如,在 SOX 法案颁布后,美国的公司在收到不利意见的内部控制审计报告时通常会收到一份标准无保留意见财务报表审计报告(Assare,2011)。

Doyle 等(2007b)发现公司遵循 SOX 法案 302 条时,盈余质量与重大缺陷显著负相关,但是在 SOX 法案 404 条下,并没有发现盈余质量与重大缺陷的相关性。Bedard(2006)和 Ashbaugh - Skaife 等(2008)发现无论是在 SOX 法案 302 条下,还是在 404 条下,当公司更正重大缺陷后,盈余质量有显著改善。但是,Bedard(2006)发现 SOX 法案 302 条下盈余质量改善的效应比 404 条下要大。导致上述结论不尽一致的原因可能在于:外部监督系统的存在会减弱盈余质量对内部控制缺陷消极反应(Krishnan,2007;Hogan 和 Wilkins,2008)。SOX 法案 404 条对内部控制审计的强制要求降低了盈余质量对内部控制缺陷的消极反应。此外,审计人员的实质性测试程序被认为是对许多内部控制的替代,从而部分地降低内部控制对盈余质量的消极影响(Doyle 等,2007b;Hogan 和 Wilkins,2008)。Jensen 等(2003)认为,控制系统包括外部控制系统与内部控制系统,它们彼此互为替代和补充。他们发现当公司没有雇用内部审计人员或雇用的会计专家水平较低时,会选择雇用水平较高的会计师事务所。所以,在研究内部控制对会计质量及投资者保护的影响时,应考虑外部审计的影响。

基于 2009 年中国主板上市公司数据,对内部控制的投资者间接保护程度进行评价。如图 1 - 2 所示。本部分旨在实证检验在外部审计监督存在的前提下,内部控制质量对会计质量的影响效应。

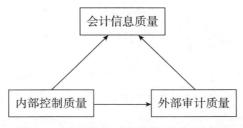

图 1 - 2　内部控制对会计信息的影响效应

5. 研究内部控制对投资者保护的综合影响效应

　　研究内部控制直接路径和间接路径的共同作用,以及对投资者的保护程度,内部控制对投资者的保护路径如图1－3所示。本部分的意义在于评价内部控制直接路径和间接路径对中小投资者保护的路径系数。所以,本书的具体研究思路如图1－4所示。

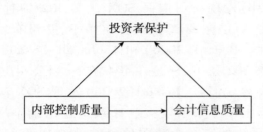

图1－3　内部控制对投资者的保护路径

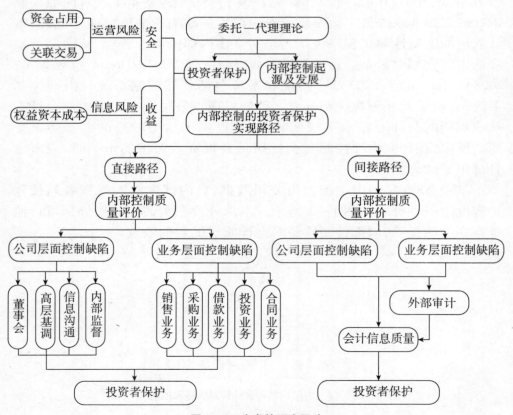

图1－4　本书的研究思路

二、研究内容

根据上面的研究思路,本书分成八章,如图 1-5 所示。

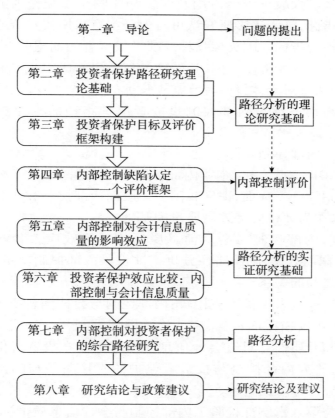

图 1-5 内部控制投资者保护路径研究内容

第一章 导论。本章主要包括研究背景、研究目的及意义、研究思路与内容、特色与创新。

第二章 投资者保护路径研究理论基础。本章整体阐述了内部控制的投资者保护路径及研究基础。主要基于法律保护机制的滞后性及内部控制对投资者保护的优势,提出了内部控制对投资者保护的直接路径。基于内部控制内生性的固有局限及会计信息成熟的生产与披露体系,提出了内部控制对投资者保护的间接路径。

第三章　投资者保护目标及评价框架构建。本章主要在回顾目前投资者保护研究现状的基础上,提出投资者保护的目标及评价框架。本章从投入资本安全性及投入资本收益性两个方面构建了投资者保护的评价指标体系。大股东资金占用及非正常关联交易被作为测度投资者保护程度的指标,已为诸多研究认可。但是本章采用权益资本成本作为测度投资保护的指标。因为该指标反映了投资者的期望收益率,也刻画了市场信息不对称的程度。同时,较低的权益资本成本也有利于提高公司价值,这必然是对全体投资者利益更长远的保护。

　　第二章与第三章为内部控制投资者保护路径的构建奠定了理论基础。

　　第四章　内部控制缺陷认定——一个评价框架。本章基于契约理论,借鉴 PCAOB(2007)和《企业内部控制审计指引》中关于公司层面和业务层面控制的分类标准,识别我国公司层面内部控制和业务层面内部控制的缺陷,作为评价内部控制质量的基础。

　　第五章　内部控制对会计信息质量的影响效应。本章主要利用2009 年度横截面数据,利用路径分析实证检验内部控制质量、外部审计与会计质量之间的关系。

　　第六章　投资者保护效应比较:内部控制与会计信息质量。本章主要利用 2009 年度横截面数据,实证检验内部控制与会计信息对投资者保护的共性和异质性。只有会计信息与内部控制在投资者保护过程中具有异质性,研究内部控制与投资者保护的直接路径与间接路径才有意义。

　　第五章与第六章实证检验了内部控制与会计信息质量、会计信息质量与投资者保护之间的关系,构建了完整的内部控制对投资者保护的间接路径。所以,本书第五章与第六章共同奠定了路径分析的实证研究基础。

　　第七章　内部控制对投资者保护的综合路径研究。本章主要利用结构方程模型分析直接路径和间接路径对于投资者保护的路径贡献系数。如果内部控制的间接路径系数大于直接路径系数,则内部控制对投资者保护的后果已体现在会计质量对投资者保护的过程中,此时,基于财务报告口径的内部控制更加重要,内部控制信息披露及审计的必要性也会降低。但如果内部控制的直接路径系数大于间接路径系数,则内部控制的直接投资者保护效应更加重要,则全面口径的内部控制更加重要。

第八章　研究结论与政策建议。

第四节　研究特色与创新

本书研究的特色是结合中国的制度环境对内部控制的投资者保护路径进行了系统的理论研究和实证研究。

创新之处在于:在对公司层面控制缺陷与业务层面控制缺陷认定的基础上,分析了内部控制对投资者保护的直接路径效应与间接路径效应。本书首次基于中国上市公司公开数据,对内部控制的投资者保护实现程度进行了定量评价,具体表现为以下六点:

(1)本书第二章路径研究理论基础部分,基于投资者保护的视角,创新性地构建了内部控制对投资者保护的直接路径与间接路径,深入地分析了内部控制投资者保护路径的作用机理。

(2)本书第三章投资者保护目标及评价框架构建部分,在分析现有投资者研究现状及评价框架的基础上,提出投资者保护的目标及评价框架。本章按照投入资本安全性及收益性的思路构建了投资者保护评价框架。本章利用"权益资本成本"指标刻画了资本市场信息不对称程度、投资者的期望收益、公司未来风险与价值。

(3)本书第四章首次基于契约的视角,利用资本市场公开信息,对内部控制缺陷进行识别与认定,构建了公司控制层面和业务控制层面的内部控制评价体系。因为公司层面缺陷认定的数据来源于证券监管机构的处罚公告,所以本章创新性地将外部法律治理机制纳入内部控制评价框架中。

(4)本书第五章将外部审计纳入内部控制对会计信息质量的影响框架,检验内部控制、外部审计和会计信息质量之间的路径影响效应。本章在检验内部控制对会计信息质量影响的同时,也检验了外部审计的替代效应。

(5)本书第六章实证检验了内部控制、会计信息质量与投资者保护目标的关系,验证和比较了二者在实现投资者保护过程中的同源性与异质性。二者的异质性恰恰是研究间接路径的意义所在。如果间接路径与直接路径对投资者保护机理完全一致,则直接路径与间接路径的区分就毫无意义。

（6）本书第七章利用结构方程模型分析了直接路径与间接路径对投资者保护的综合影响效应。本章主要比较了直接路径与间接路径对投资者保护的贡献度：如果直接路径系数远大于间接路径系数,则支持了现有政策中关于内部控制自我评价报告强制披露及内部控制审计的规定；如果直接路径系数远小于间接路径系数,即间接路径系数对投资者保护的贡献度较大,因为会计的报告体系及审计监督体系已相对成熟,而内部控制自我评价报告强制披露及内部控制强制审计由于成本较高,所以对二者的强制要求必要性不大。

第二章 投资者保护路径研究理论基础

如前所述,投资者保护是对其基于投入企业资源而获得对称收益权力的保护。投资者保护应该包括两个层次:全部投资者利益的保护和中小投资者利益的保护。何谓中小投资者,目前尚无统一的概念。Shleifer 和 Vishny(1997)将其界定为所有不控制公司的投资者,包括分散的中小股东、非控股大股东、债权人和银行等。La Porta 等(2000)则认为,中小投资者是除了经理和控股股东之外的其他投资者。在股权相对集中的公司中,最主要的代理问题是最终控制性股东与外部中小股东之间的利益冲突,这种冲突会降低公司价值。本书将中小投资者界定为上市公司除机构投资者外的流通股东,其所持股份占公司股份的比例较低,并且不能影响公司重大决策的制定。

在我国现有资本市场背景下,中小投资者利益保护是投资者保护的重中之重。原因在于:一方面,在资本市场上,中小投资者由于处于相对弱势地位,大股东对中小投资者利益的侵占屡禁不止,所以,中小投资者利益保护是投资者保护中最为重要和迫切的工作。另一方面,对中小投资者利益的保护最终是为了保护投资者整体的利益。如果中小股东的利益不能得以保障,他们会选择退出资本市场,则大股东的利益最终也会受到侵害。

本章研究虽然是建立在对"大股东侵占中小股东利益根源"基础之上,但事实上大股东得以侵占中小股东利益的三个重要条件,也恰恰是经营者得以侵占整体投资者利益的必备条件。只不过是因为在我国资本市场中,中小投资者利益受到侵害现象比较普遍与严重,才从中小投资者利益保护的视角予以切入并进行分析。同时,本章在分析过程中,也认同大股东对公司有进行监督的优势,并认为大股东索取与投入资源风险、监督成本相对称的收益的合理性,并不否认对大股东合法利益的保护。所以,基于我国资本市场投资者保护现状,本章以中小投资者利益保护为切入点与核心,重点关注中小投资者利益的保护,但最终目标却是构建全部投资者利益得以保护的实现路径。

由于现有的诸多实证研究都将法律视为投资者保护最重要的机制,所以本章将在剖析大股东侵占中小股东利益的根源的基础上,构建对投资者的保护框架。然后,在分析法律保护机制局限性的基础上,提出内部控制的投资者保护路径。

第一节　大股东侵占中小股东利益的根源

大股东要得以侵占中小股东利益,需具备三个条件:①存在可能被侵占的利益。②有意图侵占。③有机会侵占。

一、置于公共领域的产权

之所以有可以被侵占的利益,源于合约的不完备性及由之引致的公共领域产权的存在。当投资者将资本投入企业后,由于让渡了资本的部分产权属性,他们关于资本的权力就受到了限制。资源投入企业后,资源的产权属性就被分为两大类:合约明确约定的产权属性和合约未明确约定的产权属性。在合约中未明确约定的产权属性被称为置于企业公共领域的产权属性。巴泽尔指出,只要产权没有得到完全界定,公共领域总会存在一部分有价值的产权。事实上,因为只要交易成本为正,产权永远都没有办法得到完全界定。所以部分产权属性被置于公共领域几乎是一个既定的事实。之所以产权会被置于公共领域,主要有两个原因:属性的难以度量性和度量结果的不可验证性。

对于股东来说,可以在合约中明确约定按照其投入的股份享有相应份额的投票权,但是股份收益属性的计量是困难的。正是因为合约无法穷尽股东投入股份的所有属性,所以即使小股东被赋予了与其持有股份相等的现金流权,它们仍然面临着不确定性(La Porta 等,2000)。而且,股东投入企业的资产是以货币计价的,货币只能计量资产本身的价值属性,价值属性因为可以在股东与企业的合约中明确约定,所以属于约定产权属性。但是资产还存在很多其他产权属性,如资产安全完整的属性和资产有效利用的属性。因为信息成本的存在,这些属性无法在契约中明确约定和计量,从而被置于企业公共领域。

正是这些置于公共领域的产权为大股东对中小股东利益的侵占提供了可能的资源。如果公司与投资者的合约能够准确约定和计量所有投入资本的属性,则只要保证履约过程的机制存在即可,而无须其他机制的存在。股东与债权人从本质上而言都是公司资产的投入者,但是因为相比于股东合约而言,债权人与企业的合约属性相对简单,也较容易在债权合约中明确约定,所以我们更加关注的是大股东对中小股东利益的侵占,而非对债权人利益的侵占。

二、大股东侵占中小股东利益的动机分析

大股东侵占中小股东利益似乎已是一个不争的事实。即使当大股东对上市公司进行利益输送时,也被认为是为了更长远的侵占做准备。但是,大股东侵占中小股东利益的动机,却鲜有研究。如果无法明了大股东侵占中小股东利益的最根本原因,我们就无法从根本上采取措施去降低侵占的可能性。

在大股东对中小股东利益侵占的一系列研究中,中小股东似乎永远处于劣势地位。事实上,在公司盈利时,大股东凭借其持有股份享有比中小股东更多的收益。但是,当公司亏损时,大股东同样也会比中小股东承担更多的亏损。而且,相比于中小股东,大股东退出企业成本相对较高。相比于大股东,中小股东退出企业的行为是灵活的,成本是较低的。大股东由于比中小股东承担更多的风险,所以不得不承担起监督企业的责任。大股东与小股东的博弈类似于智猪博弈,如图2-1所示。

		小股东	
		监督	不监督
大股东	监督	7,1	6,2
	不监督	8,0	0,0

图2-1 大股东与小股东的博弈

假定公司已有良好监督,则有 10 个单位的收益,没有人监督则为 0 个单位的收益。大股东可获得 8 个单位收益,而小股东可获得 2 个单位收益。大股东与小股东均有监督和不监督两个行动策略,假定监督成本为 2 个单位。对于小股东而言,当其选择监督行动策略时,其收益为 1 或 0;当其选择不监督的行动策略时,其收益为 2 或 0。对小股东而言,其最优策略为不监督。当小股东不监督时,大股东如果也选择不监督,则其收益为 0,但是如果其选择监督行动策略,则其收益为 6。此时,中小股东的收益为 2。此时小股东虽然不监督,没有承担监督成本,但是仍然与大股东享有平等的监督收益权(按照股份份额),也就是通常所说的"搭便车效应"。很显然,大股东不会甘心独自承担监督成本,于是一定会要求补偿。

如果大股东对中小股东利益的侵占仅仅是为了补偿监督成本,那么当监督成本已经得以补偿时,他们似乎应该停止对中小股东利益的侵占。但是在现实社会中,公司大股东对于中小股东利益的侵占似乎是无休无止的。我们分两种情况讨论:大股东对公司的控制权与现金流权一致、大股东的控制权大于现金流权。

当大股东对公司的控制权与现金流权一致或相近时,对监督成本的补偿是大股东对中小股东的重要侵占动机。当公司经营不善时,大股东持有股份与其潜在的损失呈正相关,从而监督的动机也会越强,这直接导致了更高的监督成本。作为理性经济人,股东会寻求对监督成本的补偿。中小股东必然不会轻易放弃自己的部分收益权,于是大股东只能采取更加隐蔽的方式来补偿自己的监督成本。按照莫非定律,人们过度地关注自己失去的,总是认为自己付出的太多。同时,监督成本本身度量是困难的,于是,大股东索取的监督成本补偿总是会大于其实际付出。大股东监督成本的补偿是需要激励的,因为如果大股东没有监督公司的动力,谁又会来监督公司呢? 如果不能从制度上保障大股东监督成本的补偿,大股东就会采取更加隐蔽,甚至于违法违规的方式来补偿自己的付出,这就会造成对中小股东利益的侵害。事实上,股东大会表决的一股一权并非是对中小股东利益的侵占,而是对大股东监督公司权力的保障。

当大股东对公司的控制权大于其现金流权时,大股东(终级控股股东)承担风险较小,相比于前一种情形,大股东的监督动机相对弱化。大股东对中小股东利益侵占的动机不再是为了补偿监督成本,更多的是源于攫取不当利得。在这种情况下,任何超过现金流权的利益占有都绝对地损害了中小股东的利益。对于此类侵占,应该从法律制度上绝对禁止。

三、大股东侵占能力分析

在存在侵占动机的前提下,大股东是否有能力实现对中小股东利益的侵占呢?

投资者将资本投入企业后,要攫取公共领域产权,需具备两个条件:资源优势和信息优势。资源优势决定了信息优势。信息优势包括:事前的信息优势、事后的信息优势。事前的信息优势使得大股东可以攫取公共领域产权,事后的信息优势可以使得大股东隐瞒攫取公共领域产权这一行为。当股权相对集中时,大股东比中小股东更具资源优势,因为在资本市场中,小股东可以随时被替换,但相比而言,大股东的替代并不容易。大股东比中小股东更具资源优势,所以,在订立合约之初,二者的地位就是不平等的。因此,大股东拥有事前的信息优势。大股东凭借其初始的资源优势和信息优势,去影响公司组织架构、董事会人员构成,从而拥有了更多的资源优势,并凭此攫取私利。大股东一定会想方设法隐瞒这一行为,进而获取了事后的信息优势。

第二节　投资者保护框架

如前所述,大股东要得以侵占中小股东利益,需具备三个条件。所以,保护投资者利益,抑制大股东对中小股东利益侵占也必须从这三个方面着手。

一、投资者保护框架构建

如图2-2所示,投资者保护机制由内至外可以分为三个层次:法律机制、信息披露机制及内部控制制度。法律机制可以抑制大股东侵占的意图,因为法律机制的存在及其惩戒机制可以增加大股东侵占的成本,其事后的威胁在事前是可以置信的,从而使得大股东利益侵占的动机得以抑制。信息披露机制可以抑制大股东侵占的能力,因为信息披露可以降低大股东相对于小股东的信息优势,从而增加其侵占行为的不可能性。内部控制则可以作用于大股东侵占行为的过程。内部控制可以通过对企业内部资源产权重新配置,减少大股东可以侵占的资源,进而通过内部监督和信息沟通,降低大股东的资源优势和信息优势,减少大股东侵占的意图及机会。

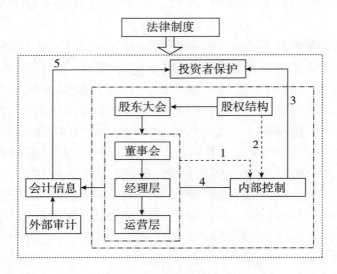

图 2 - 2   投资者保护框架

可以从以下三个方面来理解三个层次之间的关系。

第一,从投资者保护的内生需求来看,是一个由内到外的过程。投资者将资源投入公司后,如果公司内部控制机制能够发挥作用,则无须外部治理机制和信息披露机制的存在。但事实上,公司内部控制有其固有的局限,其有效运行受到股权结构和董事会的制约,因而并不总能有效发挥作用。于是,投资者会索要一定知情权,以帮助自己判断所投入资源的安全性与收益性,会计信息等信息披露机制就应运而生。但是,自愿披露信息行为本身因为没有事前的约束,亦无事后强有力的惩罚,所以其信息有效性是值得怀疑的。于是,就有了对于法律法规机制的内在需求。由于法律法规的权威性及强制约束力,法律保护机制无疑可以弥补内部治理机制与自愿信息披露机制的不足。

第二,从资本市场对投资者保护机制关注的顺序来看,是一个由外至内的过程。尽管基于投资者保护的需求,对投资者保护是一个由内至外的过程。但是在资本市场对投资者保护机制关注的过程中,法律却在很长时间内被视作投资者保护最重要的机制,最早被纳入投资者保护框架。在法律的规定和引导下,会计信息从最初的自愿提供到强制披露,成为对投资者保护至关重要的信息传递机制。直到 2002 年 SOX 法案的颁布,内部控制的投资者保护机制才得到越来越多的关注。事实上,关注法律机制的历史发展进程,我们发现了一个有趣的规律:法律法规从最终的只是简单确定交易规则到对信息披露做出规定直到最近开始关注内部控制,恰恰是一个由外至内的过程。仍以美国证券市场法律制度为例:1792 年的《梧桐树协定》只是简单的确定交易规则,1911 年的《蓝天法》已经要求证券发行人必须公布财务报告并接受银行专员检查。2002 年的 SOX 法案的 302 条和 404 条则分别对内部控制的自我评价和审计做了强制性规定。法律法规的制定者越来越多地意识到,没有公司内部机制的支持,法律法规的投资者保护作用就不能有效发挥。

第三,投资者保护最核心和最直接的机制是内部控制的投资者保护机制。在三个层次的投资者保护机制中,法律制度的有效执行依赖于内部控制的有效运行;信息披露机制披露的信息源于内部控制运行的结果。所以,法律机制不过是保护内部控制有效运行的外部监督机制,信息披露机制则是基于内部控制的内生性而增加的内部控制外显机制。从内部控制机制对投资者保护的过程来看,它作用于大股东对中小投资者的全过程。所以,内部控制是对投资者保护的最核心与最直接的机制。

二、投资者保护机制的运行

法律等是基于外部治理的视角去实现投资者保护,内部控制则是基于公司内部治理的视角去实现投资者保护,只有公司治理(内部治理和外部治理)的功能均得以有效实现,投资者的权益才能得到真正保护。信息披露机制则是内部治理与外部治理共同作用的结果。

内部控制制度投资者保护作用的发挥,会受到外部法律制度安排的影响和制约。这种影响制约从直接和间接两个层面发挥作用。一方面,法律影响和制约的直接作用表现在其可以直接制定明确条文,例如内部控制是否需要被强制审计等,对内部控制相关行为进行约束,当公司未能遵守相关法规时,就会受到惩戒;另一方面,法律法规对内部控制的间接作用表现为:当法律在资本市场上,营造出对公司内部控制予以重视的环境后,公司就会加大内部控制资源投入以迎合市场的需要,以维护其在市场的良好声誉。由于公司内部治理与外部治理的作用难以截然分开,所以,在构建内部控制对投资者保护框架时,应将信息披露机制与外部法律监督纳入框架内去分析和评价。

法律法规的相关规定,最终要靠内部控制治理功能的有效实现才能真正得以履行。所以,内部控制的有效运行才是投资者保护的根本所在。外部治理制度最终要依靠内部控制制度的安排才能实现对投资者的过程保护。由于缺少过程监督和控制机制,外部法律制度只能依靠事前的震慑和事后的惩罚来保护投资者的利益。但是,公司大股东基于自身利益的考虑,有可能会无视外部法律等制度的相关规定,从而使得侵占行为成为既定事实,则事前震慑作用不再有效,只能依赖于事后的惩罚。事后的惩罚不仅相对滞后,而且会消耗诸如诉讼等大量的社会成本。所以,内部控制比外部治理机制具备更高的治理效率。

公司内部治理机制和外部治理机制共同博弈,决定了信息披露的形式与内容。强制披露是外部法律法规对披露行为的强制要求,但法律法规本身就是相关利益方共同博弈的结果。关于自愿披露的信息,虽然外部法律法规并不会约束其披露行为本身,但是如果市场无法识别和对该信息进行定价,自愿披露决策显然不会是公司的最优选择。所以,虽然企业内部治理机制直接决定了披露行为,但其决策本身却受外部治理机制的制约。同时,影响自愿披露行为的决策的因素还包括:法律法规指导性意见或公司自身对未来法律法规的预期。公司与监管机构之间也存在信息不对称,管理层掌握着大量监管机构无法获知的信息,这部分信息的披露决策取决于公司内部治理机制对管理层决策的影响。

第三节　法律保护机制的局限性

现有的诸多研究认为法律环境决定了投资者保护水平。但综观各国证券市场投资者保护立法过程,就不难发现是投资者保护的需求推动了证券市场投资保护立法的进展。虽然法律法规的发展对于投资者保护水平有促进作用,但法律法规制度对于投资者保护具有很大的滞后性,往往是在投资者利益已经受到严重侵害之后,才会有更完善的投资者保护法规的出现。

本节首先以美国证券市场投资者保护立法的发展为例,阐述其滞后于投资者保护的发展历程。在此基础上,阐述了法律保护机制的执行困难性。

一、法律保护机制的滞后性

美国最早的证券交易市场制度可以追溯到 1792 年 5 月 17 日的《梧桐树协定》。事实上,投资者购买证券,其投入的资源就有损失的可能性,但此时并没有统一的法律法规,所有的规则都由证券交易所自行制定。直到 1911 年,美国堪萨斯州才通过了第一部由政府颁布的管理证券发行的综合性法律,即《蓝天法》。此后,美国各个州纷纷效仿。但由于各个州之间法律不同,而且彼此竞争,所以证券发行人仍然可以逃避法规的监管。政府逐渐意识到投资者保护的重要性,要求证券发行人必须公布财务报告并接受银行专员检查。但法律的制定仍然滞后于投资者保护的需要。1929 年股票市场崩溃,诸多投资者利益受到严重损害。然而到 1933 年才颁布了美国证券历史上第一部规范证券交易的法律《联邦证券法》。随后通过的《证券交易法》才对证券交易二级市场的行为进行了规范。这两部法规奠定了美国证券监管的基本框架。但是,按照《证券交易法》的规定,在公开要约收购中,收购者无须任何公告即可收购公司,导致一些上市公司的控制权在中小股东尚不知情的前提下就已转移,中小股东利益受到严重损害。1968 年通过的《威廉姆斯法》对要约收购进行了公开限制。1970 年颁布的《证券投资者保护法》正式创建了投资者保护制度,以挽回投资者因为利益屡屡受损而丧失的信心。法律法规对投资者保护的滞后程度可见一斑。此后,美国的证券投资保护制度在投资者保护需求的推动下不断完善。但尽管这样,在 2001 年美国仍然爆发了一系列大公司的舞弊案件,投资者的利益再次受到严重损害,这直接导致了 SOX 法案的出台。

从美国证券市场投资者保护法律制度发展进程来看,每次重大改革都起因于投资者的利益受到严重侵害。对于投资者保护水平的提高而言,每次法律制度的改革都是一个重大进展。但是,此时投资者利益已经受到侵害,所以法律保护机制的滞后性是不言而喻的。之所以法律对投资者保护存在滞后性,其原因在于法律保护的终极目标并不是投资者本身,而是资本市场的繁荣与稳定发展。但是,如果中小投资者利益总是受到侵害,他们会选择退出,那么资本市场就会难以为继,这显然并非是政府所愿意看到的局面。所以,政府及证券监管部门会制定一系列法规制度来保护投资者利益,其最终目标却是整个资本市场的稳定与发展。

二、法律保护机制的执行困难性

La Porta 等(2000)从法律的视角对投资者保护程度进行评价时,只考虑了法律的相关规定,并没有考虑法规的具体执行情况。他将中小股东权利界定为:一股一票、抗董事权和强制股利权。法律确实规定中小股东拥有一股一票权,但是仔细分析股东大会的出席率就可以看出,召开会议时真正出席的中小股东根本没有多少。所以,单纯依据法律法规的规定是不能对投资者保护程度进行测度的。

法律要对投资者保护发挥作用,不仅要有规定,还要有执行机制作为保障。如果仅有法律法规规定,而没有执行机制的保障,则法律法规的规定本身对于投资者保护是没有任何意义的。从理论上讲,只要监督和惩罚的成本足够大,法律是可以被执行的。但问题是,监督存在成本约束,惩罚是建立在监督基础上的。所以,法律法规是否可以被顺利执行就成了一个有待考证的问题。

例如,1934 年的《证券交易法》对内幕交易、证券欺诈有非常明确的禁止性条款。但在资本市场上内幕交易却屡有发生,其根本原因在于对内幕交易的监督需投入大量的成本,但监管机构却没有足够的财力、人力和物力的投入。即使内幕交易得以查处,由于内幕交易行为可获取的利润远远超过因处罚而付出的成本,最终导致了内幕交易屡禁不止。

再如,证监会对于关联方资金往来及担保做了一些明确禁止条款,如上市公司不得为控股股东及本公司持股 50% 以下的其他关联方、任何非法人单位或个人提供担保。但事实上,违规担保现象屡有发生。其原因就在于违规处罚力度非常之弱,对那些违规担保的公司不至于构成太大的威胁,最终导致了违规担保屡禁不止。

第四节 内部控制对投资者保护的作用机理

魏明海等(2007)构建了财务会计信息对投资者保护的框架,并认为财务会计信息具备定价和治理功能。虽然他也提及了内部控制对会计信息质量的作用,但是在他的框架中,内部控制不过是辅助财务会计信息实现投资者保护的机制。本书与之最大的不同在于,本书将内部控制视作投资者保护的核心机制,而非辅助机制。之所以这样说,是因为只有内部控制可以从根本上抑制大股东对中小股东利益的侵占。

一、内部控制的本质是对公共领域产权的配置

前已述及,大股东要得以侵占中小股东利益,最重要的前提是有可以置于公共领域的产权。内部控制内生于契约的不完备性,其本质是对公共领域产权(或其替代属性)予以度量分配,将其私有化,明晰责任。

从内部控制的起源来看,国家和政府对财产的管理过程是内部牵制产生的最原始动因。所有者让渡了部分产权属性后,财产具体使用与管理者拥有了部分产权属性。财产所有者将财产的管理和使用权予以让渡时,因为财产的安全和效率性在度量上是有困难的,从而被置于公共领域中。内部牵制的本质是对置于公共领域产权的属性进行分配,并同时降低信息不对称程度,进而降低监督成本。比如,可以寻找"财产安全"属性的替代属性:"财产保管"与"财产记录",并将"财产保管"与"财产记录"这两类属性进行分配,将"财产保管"属性分配给仓库保管员,将"财产记录"属性分配给记账员,原来置于公共领域的权力属性"财产安全"就被重新配置,而且责任清晰。同时,由于"财产保管"与"财产记录"这两类属性的互补性与对称性,也降低了信息成本和由之引致的监督成本。

企业出现后,内部控制决定于企业内部的组织关系特征。企业内部的组织关系特征表现为纵向的监督关系和横向的制衡关系(谢志华,2009)。企业内部的组织关系特征决定了企业内部权力分配包括纵向和横向两个维度。纵向权力配置用以配置人力资本所有者置于公共领域的产权,以保证人力资本的勤勉和工作的效率;横向权力用以配置实物

资本所有者置于公共领域的产权,以保护实物资本的安全性和有效利用。纵向权力包括正式权力和相机权力两大类。通过纵向权力配置,企业每个部门的每个人员责任都更加明晰,每个人都需要为自己置于公共领域的产权属性承担责任。这些公共产权属性通常包括:偷懒、效率低以及在职消费等。基于科层组织的级别,正式权力包括决策控制权、决策管理权和决策执行权三类。决策管理权包括决策方案提议和执行决策权;决策控制权则包括对决策方案的审批及执行过程的监督。通过企业组织架构和岗位职责设计,内部控制制度使得董事会拥有决策管理权,总经理拥有决策控制权,各职能部门拥有决策执行权。但是由于在现代企业中,职位层级较低的岗位与人员也需要拥有较大的自主决策权。这样人力资本置于公共领域的产权属性才能被最大限度地减少。相机权力于是应运而生,它使得职位层级较低的岗位与人员也会拥有相对较高的权力。相机权力的授予在国内一些大型集团公司已经得以应用,例如,虽然在地位上,宝钢集团的作业长与其他企业工段长并没有不同,但其却拥有在生产作业指挥和管理中的三大项相机权力:人员管理权力、作业管理权力、车间运营权力(王凤彬,2009)。

二、内部控制对大股东侵占动机的抑制

如前所述,中小股东是没有动力去主动监督公司运营的。在股权集中的企业,大股东持有股份越多,一旦企业经营不善,他们承担的风险应越大。所以,大股东主动监督公司被视作其内在需要,并且会索取等于或远超过监督成本的补偿。但是良好内部控制的运行,可以使得大股东侵占的动机得以抑制。在图 2 - 1 中,我们假定如果大股东不去监督公司,则二者都没有收益。有一个隐含的前提是,经营者肯定不会按照股东的需要勤勉努力经营。但是,当内部控制制度建立并良好运行后,资本置于公共领域的产权被重新配置,经营者会按照投资者的要求努力经营,则即使大股东和小股东均不担负起专门监督企业的责任,企业仍可获得 10 个单位的收益。

如图 2 - 3 所示,假定公司良好经营下仍可获得 10 个单位的收益,大股东可获得 8 个单位的收益,而小股东可获得 2 个单位的收益。但制度建设是有成本的,成本为 2 个单位,由大股东与小股东共同分担,每人分担 1 个单位。监督成本仍然是 2 个单位。对于小股东而言,当其选择

监督行动策略时,其收益为 0 或 - 1;当其选择不监督的行动策略时,其收益均为 1。小股东仍然会采取不监督的行动策略。当小股东不监督时,大股东监督获得收益为 5,不监督获得收益为 7。此时,大股东可能无法通过后续攫取公共领域产权来补偿监督成本,于是,放弃监督可能是最好的选择。在这种情况下,补偿监督成本的借口不再存在,侵占动机在一定程度上得以抑制。同时,由于大股东介入企业进行监督不再被视作必须之举,凭借监督而获得信息优势也不复存在,致使其侵占的能力也有所降低。对于现金流权小于控制权的终级控股股东,也存在同样的情形。因为终级控股股东对上市公司的侵占,是借由其直接控股大股东之手完成的。

小股东

		监督	不监督
大股东	监督	6,0	5,1
	不监督	7, -1	7,1

图 2 - 3　存在内部控制的博弈

当然,现实公司中的情况并没有如此简单,大股东并不会完全放弃其对企业的直接监督。但是,良好内部控制的存在,至少在一定程度上抑制了大股东监督的动机。从表面上看,图 2 - 3 中小股东最终获得 1 个单位的收益,而在图 2 - 1 中,小股东可以获得 2 个单位的收益,似乎在有内部控制的情况下,小股东的状况反而变坏了。但事实很显然并不如此,因为图 2 - 1 与图 2 - 3 显示的只是大股东与小股东初始博弈状态。如前所述,在图 2 - 3 初始博弈之后,大股东一定会进一步索取其监督成本的补偿,索取额度会等于或远超过其付出的 2 个单位的成本,致使小股东最终可能一无所得。但是在图 2 - 3 的情形下,内部控制作为投资者对公司进行监督的替代机制存在,在抑制大股东监督动机的同时,也抑制了大股东对监督成本的无限求偿。而且,内部控制的存在,大大降低了终极控制股东非监督成本性质的利益侵占,这也是图 2 - 1 情形下所不能实现的。

第五节　信息披露——内部控制的外显机制

如果不同公司内部控制质量水平是同质的,投资者是不需要了解内部控制运行信息的。但源于内部控制的内生性,不同公司内部控制质量水平有所不同,如何让外部投资者了解内部控制的运行状况呢?使外界了解内部控制信息的机制即为内部控制的外显机制,包括替代披露、自愿披露和强制披露三个层次,如图 2 – 4 所示。

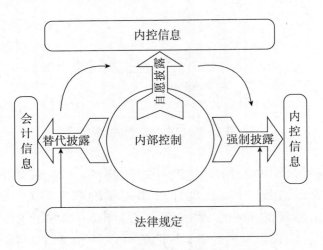

图 2 – 4　内部控制的外显机制

公司的内部控制系统从企业诞生之日就已存在,但对于内部控制信息披露的关注,却是近几十年的事情。所谓替代信息披露,并非是企业有意而为之。仅仅是源于法律法规对于诸如会计信息之类信息的披露做了强制性规定,而这些信息又恰好与一定的内部控制信息有关。随投资者和企业对内部控制关注度的提高,管理层开始选择自愿披露内部控制信息,信息不对称和代理问题所引起的效率损失因而会有所降低(Bronson 等,2006;Deumes 等,2008)。当替代披露和自愿披露都不能满足投资者的需要时,法律法规可能会直接介入内部控制信息的披露,要求内部控制信息的强制披露。

一、内部控制的内生性

企业不同、规模不同、业务活动不同,内部控制机制就会有所不同。在前面,我们讨论了内部控制对股东监督机制的替代性,但却忽略了内部控制建立本身,会受到股权结构、企业性质等诸多因素的重大影响。所以,内部控制对股东监督机制永远都不可能是完全替代,只能是部分抑制,这也是大股东对中小股东利益侵占屡禁不止的重要原因。

董事会通常被认为是公司控制系统的最高点。公司内部控制的特征与风险由董事会直接决定,内部控制有效性的最终责任亦应由董事会承担。董事会自身的结构特征直接体现了内部控制的内生性。

股权结构通过影响董事会的结构和董事会人员构成来影响内部控制。朱红军和汪辉(2004)发现宏智科技股份有限公司董事会仍由一个具有控制力的股东控制,而且董事会的更换完全体现了控股股东的意志,其实质上是股东各方争夺控制权收益的最终博弈结果。

董事会结构除受股权结构的重要影响外,还受到其他诸多因素的影响。按照成本—效益原则,董事会的结构是由它所能带来的收益和导致的监督成本增长二者之间的均衡决定的(Boone 等,2007;Harris 等,2008)。Boone 等发现董事会的规模和独立董事的比例与经营活动的复杂性(用公司规模、成立年限、分支机构等变量进行衡量)正相关,董事会的规模与监督成本(用研发费用开支、收益的变动性、CEO 的所有权等变量进行衡量)负相关,董事会的独立性与 CEO 的影响(用 CEO 的所有权与任期进行衡量)负相关。Linck 等(2008)和 Coles 等(2008)以美国公司样本进行研究,Guest(2008)以英国的样本为基础进行研究,得出了类似的结论。

内部控制的内生性决定了内部控制并不完美,董事会作为公司内部控制系统的最高点,受到包括股权结构诸多因素的影响,带有一定的利益倾向与偏好,这种利益偏好会直接影响内部控制制度设计及运行有效性。不同公司内部控制质量水平存在高低之分,使得内部控制的内在运行机制有外部披露的内在需要。

上市公司披露的信息,无论自愿还是强制,大都带有内部控制机制加工过的痕迹。自愿信息披露,是在董事会披露或不披露的决策行为模型下完成的。强制信息披露,是在董事会隐瞒或不隐瞒的决策行为模型下完成的。信息在公司内部的生产与加工过程和内部控制的各个流程与环节紧密相关,内部控制的质量水平直接影响披露信息的质量。

二、内部控制的替代披露机制

外部投资者可以通过非内部控制信息的披露,了解内部控制运行质量。在非内部控制信息中,尤以会计信息体系最为成熟,最为系统化,也最具可比性。所以,可以考虑将会计信息披露作为内部控制质量的外显特征。

内部控制直接影响会计信息质量,具体表现为以下三点:①内部控制会作用于法律法规对会计质量的影响过程。②内部控制的运行有效性会直接影响会计核算的基础。③内部控制质量水平可以影响市场对会计信息的反应。

所以,内部控制与会计信息质量存在正向的逻辑关系,会计信息质量应该能反映内部控制的质量。Hermanson 等(2000)经过调查发现,内部控制评价报告披露是有价值的,但是如果考虑披露成本,最终的收益还是值得怀疑的。所以,内部控制信息的强制披露与否取决于其是否符合成本收益原则。相比较而言,会计信息体系的披露已经为理论与实务所接受,其披露成本可以视作沉没成本,如果会计信息质量足以反映内部控制的质量水平,则内部控制信息的披露就不那么必要了。

三、内部控制的自愿披露机制

需不需要披露内部控制信息,取决于以财务报告为主体的会计信息披露体系是否能够提供对投资者有用的信息。换言之,从投资者保护的角度来看,如果会计信息不足以反映投资者需要的信息时,披露内部控制的信息才是必要的。但是,不一定要强制披露。如果强制要求公司披露成本过高的信息,公司不堪成本的压力,必然会降低披露信息的质量。

在 SOX 法案颁布之前,就有很多公司自愿披露内部控制报告,Bronson 等(2006)分析了 1998 年 397 家中等规模的公司,发现选取的样本公司中,有 36% 的公司自愿披露了管理层关于内部控制的报告。《财富》100 强的公司倾向于自愿披露内部控制的报告,然而较小规模的公司不会这样做(McMullen 等,1996)。可见,即使没有法规强制要求,公司自愿披露内部控制信息的现象确实存在。Hermanson(2000)认为内部控制管理报告对个人投资者尤其具备信息含量。在自愿披露的制度环境下，管理层倾向于披露内部控制的存在性，而非有效性（Bronson 等，2006）[1]。而且，管理者可以有选择地不去披露坏消息（如内部控制缺陷等）（Deumes 等，2008）。

　　但是，管理层自愿披露内部控制缺陷的动机严重不足（Hoitash 等，2009），其根本原因在于管理层要披露内部控制信息一定会权衡成本与收益（Ashbaugh‐Skaife 等，2007；Deumes 等，2008）。Deumes 等认为，内部控制信息披露的成本有两类：一是当管理层有可能会因为内部控制的显著性结论而承担声誉和法律风险；二是可能将一些信息泄露给竞争对手。Ashbaugh‐Skaife 等评价了披露内部控制缺陷的成本与收益，认为内部控制缺陷的披露不仅可能会使管理者置于组织松散和管理水平低下的批评之中，而且可能会使公司以往财务报告的可靠性备受质疑，从而会使投资者丧失对未来财务报表的信心。

　　所以，内部控制的自愿披露机制尽管能向资本市场传递一定的信息，但信息有用性有限，以其作为内部控制的外显机制，信息含量明显不足。自愿披露机制也没有足够的压力与动力促使公司完善现有内部控制建设，因而不能单纯以其作为内部控制的外显机制。

四、内部控制的强制披露机制

　　内部控制信息的强制披露实质是外部法律法规对内部控制外显机制所做的强制性规定。关于内部控制评价报告是否需要强制披露的争论始终没有停止过。早在 1978 年，科恩委员会（The Cohen Commission）就提出了披露管理层关于控制系统评价报告的建议。1987 年，Treadway 委员会和 1992 年 COSO 委员会提出了类似的建议。美国证监会也分别于 1979 年和 1988 年两次提出强制披露内部控制评价报告的议案，但因被强烈反对而作罢。1991 年，美国众议院提出了关于强制披露内部控制评价报告和审计的议案，但却被参议院否定了。直到 2002 年，SOX 法案的 302 条和 404 条分别对内部控制自我评价报告和审计进行了强制性的规定，才开启了内部控制信息强制披露之门。但学术界和实务界质

---

①在 Bronson 等（2006）选取的样本公司中，有 36% 的公司自愿披露了管理层关于内部控制的报告，但是在这些自愿披露的公司中，只有 41% 说它们的内部控制是有效的，没有任何一家公司披露任何一种内部控制缺陷。

疑声仍然不绝于耳。

由于 SOX 法案对于内部控制信息披露的内容做了强制性规定,具体到内部控制缺陷、重大缺陷必须披露,而重要缺陷与一般缺陷并不强制披露。现有文献主要集中在内部控制缺陷的判断上。内部控制的强制披露机制仍然存在三个重要的问题:

(1)内部控制的内生性决定了内部控制天然是有局限性的,这种局限性不可能依靠内部控制机制自身披露出来,即使法律强制披露也不能克服这一缺陷。试想,假定公司董事会存在重大缺陷,当董事会作为披露的责任主体时,如何保证其如实披露?即使可以对内部控制进行审计,但研究亦证明了内部控制公司层面缺陷的不可审计性。

(2)内部控制的权变性决定了内部控制缺陷判断与披露的复杂性。即使法规强制披露,由于内部控制的权变性,披露仍然存在两个重要缺陷:一方面,我们是不能确定是否公司实际有需要披露的内部控制缺陷,但在审计委员会或注册会计师的帮助下不去披露它(Naiker 等,2009);另一方面,即使公司管理层主观上不想刻意隐瞒需要强制披露的内容,但评价缺陷的复杂性和主观性(Wolfe,2009)使得实际对外披露的内容在一定程度上不再具备客观性与可靠性。因此,内部控制信息披露的信息含量可能就会有所降低,并使得以此为基础的诸多研究成果呈现出固有的局限性和偏差。

(3)内部控制运行的不可直接观测性,决定了无论对其强制进行信息披露还是审计,都会带来巨额成本。在 SOX 法案执行后,关于内部控制信息强制披露与审计的巨额成本问题,已成为学术界与理论界的共识。所以,强制披露内部控制自我评价报告存在最重要的问题是披露成本问题。

因为现有的实证研究已经证实了内部控制缺陷信息披露是有信息含量的,例如,可导致股价负的异常收益(De Franco 等,2005;Beneish 等,2008;Hammersley 等,2008;Ashbaugh - Skaife 等,2009)。De Franco 等经过进一步的研究,发现异常收益是由于小股东的出售引起的,由此他们得出结论,相比于大股东,小股东从内部控制信息披露中获得的收益更多。所以,尽管有种种局限性,内部控制缺陷的强制披露是有投资者保护作用的。

综上所述,内部控制信息强制披露存在的最重要问题是成本问题。

如果可以不计较成本,内部控制信息强制披露是内部控制很好的外显机制。

第六节 内部控制对投资者保护路径的构建

在本章第二节,构建了投资者保护的整体框架,本节在框架基础上,构建内部控制对投资者保护的直接路径与间接路径。

一、路径构建

在分析法律机制的局限性以及内部控制对投资者保护作用机理的基础上,本书认为内部控制基于自身的优势,可以直接实现对投资者的保护,如图2-2中路径"3"所示。

但是,内部控制作为公司内部管理机制,内生于公司的股权结构及公司董事会,如图2-2中路径"1"和路径"2"所示。内部控制的内生性决定了内部控制有自己无法克服的局限。让投资者明了内部控制的运行情况,也许是对这一局限的最好弥补。所以,内部控制的外显机制就是必需的。如前所述,内部控制的外显机制被分为替代披露机制、自愿披露机制和强制披露机制。以财务报告为主体的会计信息替代披露机制成本较低,体系成熟;自愿披露机制虽然成本不高,但往往流于形式,无实质内容;强制披露机制高昂的成本会使得企业不堪重负,而且外部法律的介入,对于原本内生于企业的内部控制而言,带有明显的滞后性和外加性。比较而言,如果会计信息的外显机制能够很好地反映内部控制运行,应该是一个很好的替代性外显机制。所以,本书进一步研究内部控制—会计信息—投资者保护的作用机制,如图2-2中路径"4-5"所示。

至此,本书构建了内部控制对投资者保护的直接路径(如图2-2中路径"3"所示)和间接路径(如图2-2中路径"4-5"所示)。内部控制对投资者保护的直接路径是指内部控制运行本身可以直接抑制错误或舞弊、提高业务流程效率、增加管理层决策的准确度、增加公司价值等,实现对投资者的保护;而内部控制对投资者保护的间接路径更多的是一种外显机制,增加投资者的知情权,实现投资者的保护。在理论上,如果

内部控制运行得足够好,不需要会计信息披露应该也是可以的。直接路径与间接路径的主要区别在于以下五点:

(1)对投资者保护目标的侧重不同。直接路径是指内部控制直接对投资者目标的保护,更加侧重于对投资者投入资本安全性的保护,间接路径是指内部控制通过保障会计信息质量,使会计实现治理和定价功能,间接实现对投资者的保护,更加侧重于对投资者实现收益的基础——知情权的保护。

(2)直接路径更加侧重于从改善公司运营管理行为本身,诸如抑制错误或舞弊、提高决策效率等,实现对投资者的保护。间接路径更加侧重于从信息的角度,通过提高信息披露质量水平,降低信息不对称的程度,实现对投资者的保护。

(3)内部控制对投资者保护的直接路径更加侧重于过程保护,通过会计信息质量对投资者保护的间接路径更加侧重于对投资者的结果保护。因为内部控制本质是一个过程,而会计信息,尤其是财务报表,更多的是事后的记录,反映的是公司经营活动的成果和截至某一时点的财务状况。

(4)内部控制对投资者保护的直接路径更加侧重于内部控制自身的运行,而间接路径更加侧重于内部控制与其他机制的作用。内部控制的间接路径可以作为内部控制的外显机制,会计信息披露可以作为内部控制信息披露的替代机制发挥作用。

(5)内部控制对投资者保护的直接路径更加侧重于全面口径内部控制的运行,而间接路径更加侧重于基于财务报告口径内部控制的运行。

二、路径研究的意义

之所以要构建内部控制对投资者保护的路径进行研究,其主要意义在于:

(1)对于目前我国上市公司内部控制投资者保护的现状进行了实证研究与评价。无论是内部控制对投资者保护的间接路径还是直接路径,对投资者保护的水平都反映了目前内部控制的质量水平现状及资本市场对于内部控制的认可度。

(2)内部控制对投资者保护的直接路径研究,体现了内部控制质量水平直接对投资者的过程保护。如果直接路径系数效应显著,则内部控制的外显机制(无论是内部控制信息的强制披露还是会计信息的替代性披露)就不再必要。

(3)内部控制对投资者保护的间接路径研究,体现了内部控制替代性外显机制的意义。如果间接路径系数显著,则内部控制信息的强制披露就没有必要。

(4)因为内部控制对投资者保护的直接路径是基于全面口径的内部控制,间接路径则是基于财务报告口径的内部控制。如果直接路径系数比间接路径系数更加显著,则意味着基于财务报告口径的内部控制并不能承载内部控制的大部分信息,因而全面口径的内部控制更加重要。反之,基于财务报告口径的内部控制就可以满足投资者的需要了。

第三章　投资者保护目标
及评价框架构建

投资者保护对资本市场乃至经济发展的重要性是毋庸置疑的。为了提高投资者保护程度，各个国家出台了一系列的法律监管制度以保护投资者利益，并取得了一定成效。例如，美国于 2002 年发布 SOX 法案，其核心目标旨在保护投资者利益。但是，即使是被公认投资者保护程度最高的美国，投资者保护状况也不容乐观。

各国的证券法规大都开宗明义，将"投资者合法权益"的保护作为最核心的立法目标。可见在证券市场中，投资者保护的意义非同一般。投资者保护是对其基于投入企业资源而获得对称收益权力的保护。投资者保护问题关注的重点因委托—代理问题重点的不同而不同，既可能是内部经理人对外部投资者的利益侵占（Jensen 和 Meckling，1976），也可能是股权集中情形下大股东对小股东的利益侵占（La Porta 等，1999）。投资者保护应该包括两个层次：①基于投资者整体的同质性（相比于经营者而言），保护全部投资者的利益。②基于投资者群体内部的异质性，关注对中小股东利益的保护。投资者保护的两个层次并不矛盾，对中小股东利益的保护最终还是为了保护投资者整体的利益。原因在于，如果当大股东可以不受限制地侵占小股东的利益时，小股东会因为利益受到损害而不去购买公司的股票，最终使得公司退出资本市场，此时大股东的利益也会受损。

但是，判断投资者利益是否得以保护的前提首先是确定投资者保护的目标和评价投资者保护的程度。本章在评述投资者保护评价框架现状的基础上，构建投资者保护目标及评价框架。

在第二章投资者保护路径理论研究基础上,本章的主要作用在于阐述投资者保护目标,为第六章、第七章提供了衡量投资者保护水平的评价指标。

第一节　投资者保护评价现状

投资者保护有两个重要的机制:良好的投资者法律保护环境角度和有效的公司治理结构安排。二者均可增加利益侵占主体的成本,从而在一定程度上抑制利益侵占主体的侵占行为(La Porta 等,2000)。现有的投资者保护研究也主要从法律保护环境和公司治理安排两个角度展开。外部中介机构监督通常被作为法律和公司治理结构的替代(补充)机制被纳入投资者保护的分析框架中。

一、基于法律视角的投资者保护评价与研究

基于法律视角的投资者保护评价主要包括不同国家的国别比较和同一国家上市公司的比较。

1. 不同国家投资者保护评价及研究

La Porta 等(1998)开创了从法律保护环境角度研究投资者保护的先河。La Porta 等将法律保护程度的不同视为各国投资者保护差异的最重要原因。La Porta 等用以测度各国投资者保护水平的指标包括(股权投资者保护):一股一票权、抗董事权和强制股利。当然,仅仅立法规定投资者拥有这些权力是远远不够的,还必须有一系列措施来保障其实施。所以,La Porta 等又选取了法律系统效率、政府腐败程度和会计准则等指标来对执法的程度进行测度。La Porta 等按照上述评价框架,通过对不同国家投资者保护程度的比较分析,证实了法律起源会影响对投资者的保护程度。普通法比民法对外部投资者的保护程度更强。

但是,对不同国家的公司进行比较,无法避免文化、习俗等非正式制度因素的影响。于是,学者开始关注"同一国家但上市国别不同的公司"(Cross – listing)。吕长江和肖成民(2009)选取了 50 家在美国上市的中国公司及 50 家仅在中国上市的配对样本,并且发现相比而言,在美国上市的中国公司利益侵占程度更小。

2. 国内上市公司投资者保护评价

沈艺峰等(2004)在 La Porta 等(1998)的基础上构建了中国中小股东保护的指标,主要包括股东权利、其他制度与政策及法律条款三个层面,共计 17 项具体指标。如表 3 – 1 所示。

表 3 – 1　　沈艺峰等(2004)构建的中小投资者保护指标

股东权利							其他制度与政策									法律条款
临时股东大会召集权	代理表决权	通信表决权	一股一票权	股东起诉权利	累积表决权	重大事项表决方式	上市公司信息披露	会计政策与审计制度	外部独立董事	送配股政策	内部人股权转让	管理层、董、监事持股规定	内幕交易	关联交易	限制大股东行为的规定	新增法律保护条款

沈艺峰等(2004)构建的指标仍然只着重于立法方面,并没有很好地强调法律的执行。为了更好地反映我国中小投资者法律执行的情况,许年行和吴世农(2006)、王鹏(2008)从立法和执法两个维度设计了投资者保护评价体系,他们的立法维度借鉴了 La Porta 等(1998)和沈艺峰的做法。许年行和吴世农(2006)的执法维度包括两个方面:①与证券市场有关的法律法规的执行情况,以"年处罚金额与年筹资总额的比值"、"年违规家数与上市公司数的比值"两个指标来进行度量。②检察院和法院的执法效率,以"年检察院的结案数与接受案件数的比值"、"年法院执行案件数与人口总数的比值"两个指标来进行度量。王鹏(2008)设置的执法维度指标则包括各省法律环境指数、加权信用水平两大类。

王鹏发现,投资者的法律保护水平有助于改善公司绩效、降低控股股东对上市公司的资金占用。王鹏还以控制权与现金流量权刻画公司代理成本,发现投资者的法律保护水平能减弱上市公司的代理成本和公司绩效、资金占用之间的负相关。此外,诸多研究发现,投资者法律保护水平越高,权益资本成本越低(沈艺峰,2005;肖松和赵峰,2010),公司价值就越大(吕长江等,2009)。

从法律的视角去研究和评价各个国家投资者保护水平的差异,固然有助于国家法律法规改革的进展,却不能解释各个具体公司投资者保护水平差异的原因。即使对一国内上市公司法律保护水平的差异进行了比较分析研究,但是由于法律的外加性、滞后性、实施成本的高昂性,使其不利于公司个体提高投资者保护水平的自觉性。

二、基于股权结构视角的投资者保护评价与研究

La Porta 等(1998、2000)认为股权结构可以被视作法律对投资者保护的替代机制,投资者保护好的国家,股权相对分散,投资者保护差的国家,股权比较集中。于是,股权结构对投资者保护的作用被纳入投资者保护的研究框架。在此基础上,张人骥和刘春江(2005)将股权结构作为股东保护的代理变量,包括了三个具体指标:第一大股东的绝对持股比例、第一大股东的相对持股比例和第一大股东的股本性质。这三个指标尽管有一定合理性,但在理论和实证研究中却没有得到一致的结论。

1. 第一大股东的绝对持股比例

大股东对公司的控制有两种相反的效应:利益趋同效应、利益侵占效应。所以,第一大股东持股比例的高低并不能代表投资者保护的程度。

一方面,大股东对公司的控制存在利益趋同效应。吴育辉和吴世农(2011)从理论层面、刘峰等(2004)以及郑建明等(2007)从实证层面,都证实了控股股东持股比例越高,其通过资金占用和非正常关联担保方式侵害中小股东利益的倾向性就越低。李增泉等(2004)发现,控股股东占用的上市公司资金与第一大股东持股比例之间存在倒“U”形的非线性关系,也证实了中国随控股股东比例的增加,确实存在一定的利益趋同效应。

另一方面,大股东对公司的控制存在利益侵占效应。诸多研究发现在股权集中的公司中,大股东对中小股东的利益侵占是主要的代理问题。Johnson 等(2000)首次用“掏空”(Tunneling)一词描述了控股股东侵占和转移公司资源的行为。在我国,大股东对中小股东利益侵占的现象更是屡有发生。中国上市公司大股东侵害小股东的程度远高于美英国家(唐宗明和蒋位,2002),控股股东与小股东之间存在严重的代理(余明桂和夏新平,2003)。

所以,以第一大股东的绝对持股比例作为衡量投资者保护的代理变

量是有严重缺陷的。

2. 第一大股东的相对持股比例

基于股权制衡的思路,张人骥和刘春江(2005)将第一大股东与其他三大股东持股比例的差额,作为第一大股东的相对持股比例。股权制衡的确被很多学者认为是抑制大股东侵占的一个很好方法(李增泉等,2004;唐清泉等,2005;陈晓和王琨,2005;王立彦和林小驰,2007),而且还可以提高公司价值(白重恩等,2005)。但是,亦有研究认为股权制衡对大股东侵占行为没有抑制作用(朱红军和汪辉,2004;高雷等,2006),无助于提高公司价值(赵景文和于增彪,2005),甚至会损害公司业绩。而且,股权制衡结构不同,大股东的行为也会有所不同。当其他大股东有较高制衡能力时,他们会与大股东合谋;反之,则会相互制衡(刘慧龙等,2009)。所以,第一大股东的相对持股比例也是不可能作为投资者保护指标的。

3. 第一大股东的股本性质

尽管有研究认为,相比于国有性质的第一大股东,法人股股东或其他性质股东更有动力和压力去实施对股东保护有利的政策与措施(徐晓东和陈小悦,2003)。但事实上,第一大股东的性质不单单是股权性质这一个维度,还有其他性质的划分,同时其他大股东性质不同也会影响投资者保护程度。例如,大股东是企业集团时,比非企业集团更有动机和能力掏空上市公司(李增泉等,2004;唐清泉等,2005),从而投资者保护水平也越差。机构投资者的存在也有助于抑制控股股东的掏空(王琨和肖星,2005),但当机构投资者作为第二大股东时,就会与第一大股东合谋掏空公司。相比而言,第三大股东更能代表小股东的利益(唐清泉等,2005)。

以股权结构作为评价投资保护指标的理论基础是:股权结构是对投资者法律保护机制的替代。但事实上可能并非如此,例如,Holmen 和Hogfeldt(2003)的研究表明,集中的股权结构并非是因为投资者法律保护不足,而是所有者为了获取最大化控制权私利的结果。许年行和吴世农(2006)认为之所以会出现相互矛盾的研究成果,是因为 La Porta 等(1998、2000)研究的是跨国的国别比较,而 Holmen 和 Hogfeldt 研究的则是同一国家公司的比较。跨国公司间法律差异较大,而同一国家之间法律差异相对较小。许年行和吴世农进一步分析了我国 1990 ~ 2003 年深、沪两市的 A 股上市公司上市时及上市后股权集中度的变化,认为股权集中度的下降不完全是中小投资者法律保护的结果,其他法律因素也可能导致上述结果,诸如 IPO 发行制度的演变、与股权集中度相关的中小投资者法律保护的立法相对较少等。计小青和曹啸(2008)则将国有控股的股权结构视为标准法律制度对投资者的替代性保护。

三、基于外部监督视角的投资者保护评价与研究

在资本市场上,投资者能够及时、可靠地获知信息是投资者保护最基本和最核心的内容。法律法规可能会强制公司披露信息。但是,法律监管制度的不完备及其滞后性的固有局限,使得投资者保护的效果总是不尽如人意。如何能够保障企业完整履行披露义务是关键所在。于是关于审计师和证券分析师的研究进入投资者保护的研究视野,这也是对投资者保护的外部监督层面研究。

Franco 等(2009)认为证券分析师会误导投资者,从而证券分析师发布的信息应该具备信息含量。Barth 和 Hutton(2004)发现跟踪的公司的证券分析师越多,其股价对会计信息的反应越快。这都在一定程度上证实了证券分析师对投资者保护的作用。

独立审计因为其对财务报告的鉴证作用而备受关注。王艳艳(2005、2006)认为法律对投资者保护较弱时,审计可以被视作法律的替代机制,为投资者提供保护。王克敏和陈井勇(2004)基于审计的视角,用上市公司年报的审计意见类型来反映投资者保护程度。高雷等(2006)则以审计意见和出具审计意见的会计师事务所类型作为衡量信息披露透明度高低的标准,并且认为信息披露透明度显著影响了控股股东的掏空。Newman 等(2005)认为,审计师可以发现内部人利益侵占,从而可以保护外部投资者。杜兴强等(2010)也认为高质量审计能够显著抑制上市公司大股东资金占用。独立审计确实具备保护投资者的作用。但是,审计的内生性导致了大股东资金占用越严重的公司,越有可能不会选择高质量审计,中国资本市场对高质量审计的需求明显不足。所以,基于独立审计的视角去评价投资者保护作用有着无法克服的局限性与间接性。

四、基于公司业绩与侵占行为的评价

由于在我国股权相对集中的情况下,大股东与小股东的代理问题是

最严重的问题。所以评价投资者保护程度时,很多研究会选择大股东对中小股东利益侵占行为作为衡量投资者保护的指标。大股东对中小股东利益侵占的行为主要包括关联交易(唐清泉等,2005;陈晓和王琨,2005)、资金占用(李增泉等,2004;姜国华和岳衡,2005;马曙光等,2005;刘慧龙等,2009;王克敏等,2009)、违规担保(王立彦和林小驰,2007)。这些研究以大股东对中小股东利益侵占行为的抑制程度来反映投资者利益被保护的程度。

大股东不侵占中小股东利益只是中小股东利益得以保护最基本的前提。对于投资者而言,公司价值的提高才是其实现收益的最根本保障。于是,国内学者开始将股东行为侵占与公司业绩两类指标结合起来,评价对投资者利益的保护程度。

例如,吕长江和肖成民(2009)从直接和间接两个方面衡量投资者保护程度,在直接方面设计了三个业绩变量:销售毛利率、资产报酬率和市值—面值比。间接指标是以其他应收款占总资产的比例作为度量利益侵占程度的变量。姜付秀等(2008)基于公司层面构建的投资者保护指标体系中,主要包括知情权、股东对公司权利的平等享有权、股东财富最大化、投资回报和上市公司诚信五个层面的指标,具体 10 项指标如表 3-2 所示。应该说姜付秀等构建的指标体系相对详细完整,既考虑了大股东侵占行为的评价,也考虑了投资回报等指标,而且将法律环境(证监会处罚)和外部监督(审计意见类型)都作为指标体系的构成部分。但是,该指标体系仍然存在如下问题:①指标整体逻辑层次不清。股东财富最大化与投资回报是结果指标,知情权与股东对公司权利的平等享有权是过程指标,这四个指标是从投资者的角度构建的,而上市公司诚信却是针对公司而言的,五个指标构建的逻辑基础是什么? 似乎并无明确思路。②指标从表象上比较详细,似乎能反映投资者保护水平,但实际上,由于指标之间层次关系不清楚,指标之间甚至于存在此消彼长的关系,使得各个指标对最终保护评价的影响有可能是相互抵消的,反而削弱了投资者保护的评价效果。例如,股利率被作为评价指标,但很显然一个公司如果有较好的投资机会,保证相对较低的股利支付率反而有助于更好的利润增长率,有助于公司价值的提高。

表 3 – 2　姜付秀等(2008)构建的投资者保护指标

保护指标	权重	明细	评价方法
知情权	10%	财务报告质量	审计意见类型
股东对公司权利的平等享有权	20%	关联交易	关联交易额占收入的比例
		大股东占款	占款占总资产的比例
股东财富最大化	35%	盈利性	净资产收益率
		市场评价	Tobin'Q
		盈利潜力	利润增长率
投资回报	35%	现金分红	股利率
		股票股利	股票占股本比例
		持有股票收益	股票持有年回报
上市公司诚信	扣分项	被证监会处罚	被证监会、证交所通报批评

第二节　投资者保护评价基础

只有明确投资者保护评价的理论基础与评价原则,才能客观地评价投资者保护的效果。从理论基础上看,大股东对中小股东利益的侵占仍然是最经典代理关系的体现。在对投资者保护效果进行评价时,公平与效率是评价的两个最基本的原则。

一、理论基础分析

如图 3 – 1 所示,由于公司的组织形式,大股东与小股东将资源投入企业后,二者并无直接联系,小股东并未形成直接与大股东的代理关系。大股东凭借投入资源拥有公司的控制权,只有与管理层合谋后,方能从公司攫取资源,大股东对小股东形成侵害遵循大股东—管理层—小股东的路径,所以所谓大股东与小股东代理关系并非是与原先股东与管理层委托关系对立的。对于小股东而言,其实仍然是所有者和经营者之间的经典代理关系,只不过现在经理层被大股东操纵,所以最终表现为大股东对小股东的侵害。

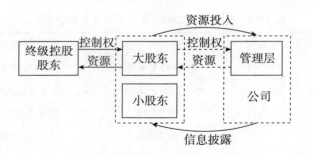

图 3 - 1　投资者保护评价基础

从图 3 - 1 中可以看出,小股东可以拥有的权力只有两项:获知公司披露信息的权力和决定资源是否可以投入公司的权力。中小股东真正主动拥有的权力是资源投入的决策权,但其决策权的行使依赖于公司提供的信息。大股东除拥有和中小股东一样的知情权和资源投入决策权外,还可凭其对公司控制权获取相应权力。更重要的是,借助与管理层合谋,大股东可影响和操纵公司对外披露信息的权力。

中小投资者在首次将资本投入企业时,必定权衡收益,最直接的比较是未来收益是否可以达到心理预期。中小投资者的每一个体都会根据自己所获取的信息做出自己自认为最好(至少是在现阶段自己最满意)的决策。市场的风险性及投资者个体禀赋的异质性决定了未来收益的不可保证性。所以,对中小投资者投入企业资源收益权的保护不可能是绝对保障未来收益的实现,而应该是保障其做出决策的重要基础——公司公开披露信息的可靠性与及时性。由于这一信息可能会受到大股东的操纵和影响,其可靠性与及时性就显得越发重要。

当投资者将资本投入企业后,大股东就存在侵占其利益的可能。大股东侵占中小股东利益后,就会采取各种手段隐瞒自己的行为,操纵对外披露的信息。这一点已为诸多实证研究所证实。例如,Bertrand 等(2002)证明大股东掏空会降低经济的透明度,加剧信息不对称。大股东侵占中小股东利益的"掏空"行为越严重,操纵会计信息的盈余管理行为越严重(王化成等,2006;周中胜和陈俊,2006)。信息披露的不实严重损害了中小投资者做出决策的基础,对中小股东利益造成了更大损害。

二、评价原则

在对投资者保护效果进行评价时,公平与效率是评价的两个最基本的原则。公平是效率的基础,离开公平去研究投资者保护的效率问题,有可能会诱发更多关于控制权私利的攫取。所谓效率是指投资者保护最终目标是实现公司价值最大化,只有这样,投资者的收益权才能最终得以实现。

一方面,对投资者保护应该是对全部投资者的公平保护。尽管在目前大股东对中小股东利益侵占屡禁不止的现状下,中小股东利益受到前所未有的重视。但是,如前所述,投资者保护首先是整体股东利益的保护。相比于中小股东,由于大股东投入资本金额大,而且转移困难,所以面临的风险也相对复杂。同小股东会寻求风险补偿一样,大股东也会索取风险补偿,而其追求的非正常风险补偿就是控制权私利。不恰当的利益倾斜与保护也可能引致大股东对控制权私利变本加厉的追逐。所以,投资者保护最重要的原则是公平。

另一方面,应以效率作为衡量投资者保护机制是否有效的最终标准。如第二章所述,相比于中小股东,大股东更具备监督的优势和动力。市场自发形成的秩序表明,股权结构集中的公司,大股东的监督与管理更具效率优势。中小股东既无能力,亦无动力去监督管理公司。所以,在投资者保护中,过度地赋予中小股东更多的管理和监督权力是没有效率的。因为即使赋予了这些权力,中小股东也未必有能力和动机去行使。要求公司不加选择地披露更多的信息,则有可能导致公司发生更多的成本,甚至于会泄露更多的商业秘密,反而会损害公司的整体价值。而且,对于中小投资者而言,由于其处理信息的能力有限,过多的信息反而有可能会造成其信息超载,妨碍其做出理性决策。

第三节 投资者保护评价框架构建

基于投资者保护的目标构建投资者保护评价框架,在此基础上确定内部控制对投资者保护的具体评价指标:关联交易、大股东占款和权益资本成本。

一、投资者保护评价思路

无论赋予投资者知情权、决策权还是收益权，从投资者的角度而言，他们要保证的最基本的目标只有两个：投入资本的安全性和投入资本的收益性（如表3－3所示）。在我国，大股东对中小股东利益侵占尤为严重，所以就我国目前现状而言，投入资本的安全性的威胁主要在于大股东对中小股东利益的侵占。投入资本的收益性以投入资本的安全性为基础。

表3－3　投资者保护评价框架

保护指标	明细	评价方法
投入资本的安全性	关联销售的持续性	与第一大股东集团关联销售的持续性
	大股东占款	其他应收款/总资产
投入资本的收益性	公司价值	权益资本成本

投入资本的安全性是投资者保护的重要目标。投资者对投入公司的资源拥有平等的权力分享权。如果大股东侵占了中小股东投入的资源，则中小股东的平等权力就无法得以保障。这也不符合我们在进行投资者保护时所必须遵循的公平性原则。但是，如前所述，如果仅仅将投资者保护定位在投入资本的安全性是不够的，一方面是因为大股东在公司中也同样面临资源损失的风险，另一方面是因为投入资源的安全性只是对股东利益最基本的保障。只有公司价值整体提高，才是对全体股东的保护。

有鉴于此，我们构建了投入资本收益性这一指标，投入资本收益性最终以权益资本成本这一指标进行刻画。一方面，权益资本成本与公司价值紧密相关。权益资本成本越低，则公司越易筹集到资金，未来预期风险越低，而未来预期现金流量越大，公司未来发展潜力越大，公司价值也就越高。这体现了对全体股东公平的收益权保护。因为公司价值提高了，大股东和中小股东的收益才会得到实质性提高。如果公司价值没有提高，甚至有所降低，大股东要想提高自己的收益，唯有侵占中小股东利益，这必然会导致中小股东的反对，最终不利于大股东与公司的收益提高。另一方面,从效率的原则看,权益资本成本能够在一定程度上体现市场对资源配置的效率。在有效资本市场上,投资者会根据估计的风险决定自己的预期收益率,预期风险较低的公司,投资者就会索要较低的风险补偿,从而这些公司能够以较低的成本筹集到资本。资本市场的资源就被配置给了风险较低而预期现金流量较高的公司。

　　另外,对中小投资者而言,公司公开披露信息的可靠性与及时性是其做出决策的重要基础。但是,信息披露质量本身的衡量与评价是困难的。权益资本成本反映了市场投资者对信息质量的认知。一方面,信息披露可以减少管理者与投资者之间的信息不对称,从而降低投资者对公司未来收益预测的风险;另一方面,准确的信息披露可以降低投资者之间信息不对称的水平,降低信息搜集成本,提高股票流动性,进而降低权益资本成本(Botosan,1997;Botosan 和 Plumlee,2001)。现有的实证研究也证实了权益资本成本与信息披露质量的显著负相关(汪炜和蒋高峰,2004;黄娟娟和肖瑕,2006;支晓强和何天芮,2010)。

　　此外,Lambert 等(2007)从理论上论证了公司内部的信息系统会影响管理层的真实决策,使得管理层减少侵占资金等机会主义行为;影响公司未来的现金流量,从而对权益资本成本产生影响。所以,权益资本成本本身也反映了管理者的经营管理行为,例如,于富生等(2011)也发现管理层的非理性投资行为会引致权益资本成本的增加。

二、投资者保护评价指标

1. 关联交易

　　一方面,关联交易被视作大股东掏空的手段,会损害公司价值(Johnson,2000);另一方面,正常公正的关联交易可以优化资源配置(王跃堂和涂建明,2006)、降低交易风险(高雷等,2007),从而关联交易又可以降低交易成本,提高效率。所以,关联交易的动机至关重要。但是,如何去判断关联交易的动机呢? 目前判断非正常关联交易的方法主要有三种:①根据关联交易的比重判断。当关联交易规模比重较小时,视作正常的决策安排,而当关联交易规模比重较大时,则被视作非正常的关联交易。②基于内部和外部市场均衡的原则,当关联交易增长额超过非关联交易时,被视作非正常的关联交易。③基于关联交易性质,把公司的关联交易划分为侵占型关联交易和支持型关联交易两种类型,侵占型关联交易主要包括商品交易、除商品外的资产交易、劳务交易、抵押和担保以及股权交易（吕怀立和李婉丽,2010）。但是由于我国资本市场的特殊性,很多上市公司都是由集团公司剥离设置,所以上市公司的采购与销售等均与母公司等有非常紧密的联系,关联交易比例过高或增长超过非关联交易的增长都不足以说明关联交易的公正性。所以,第三种测度关联交易方法——关联交易的持续性被应用于相关的实证研究中。如果公司的关联交易是出于"利益侵占"动机,由于其发生的情境具备特定性,所以持续性较低。但是,如果关联交易是出于"节约交易成本"动机,则关联交易属于稳定良好的关系性契约,因而持续性水平相对较高。所以,可以通过对关联交易的持续性水平来度量其关联交易的动机。例如,洪剑峭和薛皓（2008）既考虑了关联交易的规模,又考虑了企业关联销售的持续性,而且他们认为股权制衡能够显著提高关联销售的持续性。

本章采用关联销售的持续性来度量关联交易的质量。关联销售的持续性计算如模型（3－1）所示,关联交易持续性越好,则近几年关联交易在销售中所占比例应该波动不大。之所以选择关联销售,而非其他关联交易,是因为大股东越来越倾向于通过关联销售粉饰财务报告,其盈余管理方式也相对更为隐秘。

$$SALER_{t+1} = a_0 + a_1 RPSALER_t + a_2 NONRPSALER_t + e \qquad (3-1)$$

其中,$RPSALER_t = \dfrac{RPSALE_t}{ASSET_t}$,$NONRPSALER_t = \dfrac{NONRPSALE_t}{ASSET_t}$,RPSALE 为关联销售额,NONRPSALE 为非关联销售额,ASSET 为资产总额。

在模型（3－1）中,RPSALE 和 NONRPSALE 的系数 a_1 和 a_2 分别代表了关联销售额与非关联销售额的持续水平。

2. 大股东占款

公司治理与现金持有价值呈显著正相关关系（Dittmar 和 Mahrt－Smith,2007）。好的公司治理,有助于降低现金侵害风险,提高现金使用效率和现金持有价值（刘慧龙 等,2009）。通过公司现金持有价值,投资者可以对股东之间的制衡关系及资源被大股东占用的风险做出判断。因为大股东资金占用是中国上市公司会计业绩变差和亏损的重要原因（薛爽和王鹏,2004）,所以通过公司现金持有价值还可以对公司未来业绩及价值做出判断。

如何衡量大股东对公司占款呢？姜国华和岳衡（2005）、马曙光等（2005）、王克敏等（2009）、卢闯等（2010）使用经总资产调整后的其他应收款来衡量资金占用程度。高雷和张杰（2009）用其他应收款减去其他应付款的净额来衡量大股东占款。李增泉等（2004）对报表附注中"关联方关系及其交易的披露"进行分析，计算出第一大股东占用上市公司资金的净额。高雷等（2006）采用了类似的计算方法。但是，股东直接对上市公司的资金占用一般以"暂借款"的名义包括在"其他应收款"中（Berger，2007）。姜国华和岳衡发现，大股东资金占用都被隐藏在"其他应收款"中，而且占用时间长、还款难度大。刘慧龙等（2009）也认为大股东对上市公司资金占用可能被予以隐瞒，并不会在"关联方关系及其交易的披露"中披露，而"其他应收款"可能更能反映大股东对上市公司资金占用的程度。所以，应该使用上市公司"其他应收款"年末余额占年末总资产的比例作为对大股东资金占用的衡量指标。

　　3. 权益资本成本

　　投入资本的收益性之所以不以股票持有年回报，而是以权益资本成本来度量，是因为：①股票持有年回报受到更多的宏观经济因素影响，噪声过多。②权益资本成本体现了投资者投资决策的过程。投资者获取信息，并据此对未来公司价值进行判断，做出投资决策。例如，在实证研究中，权益资本成本也会被视作投资者投资决策的替代变量（Francis等，2004）。③权益资本成本体现了市场对公司的定价。权益资本成本越高，意味着公司在市场上的价值越低。④权益资本成本是公司选择资金来源和确定筹资方案的重要依据，因而它是影响公司经营绩效的关键因素。⑤按照资本资产定价模型，权益资本成本实质上就是市场期望收益率（Lambert 等，2007）。

　　期望收益率并非是投资者可以得到的收益，而只是对已预期风险的一种补偿，所以期望收益率越高反而越不好，因为其值越高，意味着公司预期风险越大，反而不利于企业未来运营和价值水平提升。沈艺峰等（2004）从法律的角度，证实了在控制相关经济变量的情况下，随着中小投资者法律保护程度的增强，上市公司的权益资本成本呈现出显著的降低趋势。这也从侧面证实了权益资本成本与投资者保护的相关性。Lambert 等（2007）的模型也支持对股东掏空动机的抑制最终会显现在权益资本成本上。

Gebhardt 等(2003)引入了剩余收益折现模型(以下称 GLS 模型)来计算权益资本成本,其研究结果表明,在对权益资本成本的预测能力方面,GLS 模型优于传统的权益资本成本计算模型。我国学者的实证研究也表明 GLS 模型比较适用于我国上市公司权益资本成本的估计(叶康涛和陆正飞,2004;黄娟娟和肖瑕,2006)。所以,本书采用 GLS 方法估算公司的权益资本成本。

具体 GLS 的预测如模型(3-2)所示。本书借鉴以往的做法,将永续期分为三个阶段:预测期后三年(2010 年、2011 年和 2012 年)、预测期4~12 年(2013~2021 年)和永续期。

$$P_t = B_t + \frac{FROE_{t+1} - r_e}{(1 + r_e)}B_t + \frac{FROE_{t+2} - r_e}{(1 + r_e)^2}B_{t+1} + \frac{FROE_{t+3} - r_e}{(1 + r_e)^3}B_{t+2} + TV$$

(3-2)

其中,P_t 为当年增发股票则采用增发价格;r_e 为权益资本成本率;当年实施配股则采用配股价格;若二者都没有,则为上年末的每股收益乘以当年该公司所处行业市盈率的中位数。

在模型(3-2)中,前三年的预测净资产收益率 $FROE_{t+i}$ 计算如模型(3-3)所示:

$$FROE_{t+i} = \frac{FEPS_{t+i}}{B_{t+i}}$$

(3-3)

其中,$FEPS_{t+i}$ 为预期每股收益;B_{t+i} 为第 t + i 期预期期初每股净资产,预测数据取自国泰安数据库。

在模型(3-2)中,TV 计算如模型(3-4)所示:

$$TV = \sum_{i=4}^{11} \frac{FROE_{t+i} - r_e}{(1 + r_e)^i}B_{t+i-1} + \frac{FROE_{t+12} - r_e}{r_e(1 + r_e)^{11}}B_{11}$$

(3-4)

在模型(3-3)中,4~11 年的预测净资产收益率 $FROE_{t+i}$,是在第 3 期,即 2012 年预测每股净资产收益率的基础上,向样本公司所在行业平均净资产收益率直线回归取得。12 期及以后预期净资产收益率 $FROE_{t+i}$ 则取行业平均值。

在模型(3-2)和模型(3-4)中,期初每股净资产 B_t 计算如模型(3-5)所示:

$$B_{t+i-1} = B_{t+i-2} + B_{t+i-2} \times FROE_{t+i-2} \times (1 - DIVPAY)$$

(3-5)

其中,DIVPAY 通过对 2009 年度之前 10 年的股利支付率简单加权平均计算而得。

第四章 内部控制缺陷认定
——一个评价框架

第二章构建了内部控制对投资者保护的直接路径与间接路径。在研究内部控制对投资者保护路径时,一方面要明确如何衡量投资者保护水平,另一方面要明确什么样的内部控制才是质量水平较高的内部控制,即确定内部控制质量水平的评价标准。第三章已经界定了投资者保护的目标,明确了投资者保护的指标体系,提出了对投资者保护水平的判断标准。本章旨在研究内部控制质量水平的评价标准。

研究内部控制对投资者的保护路径,首要是对内部控制质量水平的评价。内部控制缺陷被用以反映内部控制设计和运行中存在的问题。所以,是否存在内部控制缺陷,存在什么类型的内部控制缺陷就成了评价内部控制质量水平的重要标准。但是在现有的研究中,由于无法在内部控制缺陷理论框架下,厘清内部控制缺陷的概念,从而导致理论研究与实践过程出现了诸多问题。所以,有必要在分析现有内部控制缺陷理论及概念框架、实证研究思路的基础上,构建内部控制缺陷认定的实证研究框架。

本章的主要作用在于识别与认定内部控制缺陷,构建内部控制评价框架,为内部控制投资者保护路径的进一步实证研究提供基础,具体表现为以下两点:

(1)在分析现有内部控制缺陷理论困境与分类困境的基础上,构建了基于公司层面控制与业务层面控制的缺陷分类框架,并且基于契约的视角,对内部控制缺陷进行了识别与认定,确定了内部控制质量水平的评价标准。

（2）在识别与认定内部控制缺陷的基础上，分析了内部控制缺陷的影响因素。为第六章和第七章内部控制路径系数分析提供了控制变量模型。

第一节　内部控制缺陷理论困境

内部控制缺陷认定看似简单，实则不然。PCAOB AS5（2007）将财务报告内部控制缺陷定义为：不能使管理层或员工在履行其日常职责的过程中防止或及时发现错报的控制。我国《企业内部控制评价指引》借鉴美国的做法，认为内部控制缺陷包括设计和运行缺陷。并且将内部控制缺陷按其影响程度分为一般缺陷、重要缺陷和重大缺陷。看似清楚的概念和分类标准，却不能指导企业内部控制的具体评价操作，并且给理论上的研究也带来诸多困惑。

1992 年，美国科索委员会（COSO）发布的《内部控制——整体框架》（Internal Control—Integrated Framework）将内部控制定义为：内部控制是由企业董事会、管理层和其他员工实施的，为营运的效率效果、财务报告的可靠性、相关法律法规的遵循性等目标的实现而提供合理保证的过程。无论是 SOX 法案，还是我国的《企业内部控制基本规范》都采用了COSO 框架作为内部控制制度体系的理论基础。但是，COSO 框架有许多自身无法克服的缺陷，主要表现为以下三点：

（1）COSO 框架并非是严格理论研究的结果，而仅仅是对实践做法的一种总结而已（杨雄胜，2011）。COSO 框架只是模糊地指出了内部控制涵盖的范围，却没有明确内部控制真正的边界。但是，COSO 框架所总结的内部控制目标能否反映内部控制的本质和内涵？能够在何种程度上反映？目前，尚未有相对明确的理论和实证检验证据。

（2）即使假定 COSO 框架所界定的内部控制目标是相对合理的，但是由于内部控制并非能绝对保证这些目标的实现，而仅仅是合理保证，所以,内部控制的有效并不必然意味着目标一定实现,目标实现当然也不一定能够代表内部控制的有效性。所以,单纯地以目标的实现程度去评价和计量内部控制的有效性,一定会存在逻辑上与计量上的诸多偏差。但是,国内现有的很多研究却是从内部控制的目标出发去构建指标,作为内部控制有效性的代理变量(程晓陵和王怀明,2008;张颖和郑洪涛,2010)。《企业内部控制评价指引》也是根据"导致企业偏离控制目标"的程度来确认是重大缺陷、一般缺陷还是重要缺陷。

(3)将 COSO 五要素直接作为内部控制的评价框架基础,更是有其无法克服的缺陷。因为内部控制五要素在企业内部控制运行过程中彼此交融,不能截然分开。例如,从内部控制五要素的静态划分来看,人力资源属于内部环境,但是在设计人力资源相关内部控制系统时,首先需考虑它所处的内部环境(例如,企业文化等),评估它在设计和运行过程中可能遇到的风险,然后采取相应的控制措施(例如,确定人力资源聘用政策和激励机制),为了保障所制定的人力资源内部控制制度得以有效运行,还应采取各种监督措施。正是因为在内部控制运行过程中,五要素是不可分的,所以五要素仅能作为内部控制的理论框架,而不能用其去具体评价内部控制。

2006 年 7 月 11 日,美国证监会也承认,尽管 COSO 框架整合了内部控制要素和目标,但是因为它没有提供管理层具体评价财务报告内部控制有效性的步骤,所以,COSO 框架本身未能有效地帮助管理层对内部控制的有效性进行相对一致的评价。有鉴于此,以 COSO 框架作为评价内部控制的理论基础并不具备可操作性。

第二节　内部控制缺陷分类困境

由于没有统一的概念逻辑框架,所以内部控制缺陷出现了诸多分类,具体划分包括以下四类:

一、基于"对控制目标的影响程度"分类

借鉴美国的做法,我国《企业内部控制规范》及《企业内部控制配套指引》将内部控制缺陷按其影响程度分为一般缺陷、重要缺陷和重大缺陷。重大缺陷是指一个或多个控制缺陷的组合,可能导致企业严重偏离控制目标;重要缺陷是指一个或多个控制缺陷的组合,其严重程度和经济后果低于重大缺陷,但仍有可能导致企业偏离控制目标;一般缺陷是指除重大缺陷、重要缺陷之外的其他缺陷。在评价内部控制时,美国采用的是财务报告内部控制的概念,我国采用的则是广义内部控制的概念。

由于内部控制能在多大程度上合理保证控制目标的实现,是值得怀疑的。所以以目标的实现程序去定义内部控制的缺陷本身就存在逻辑上的错位。尽管在制度规定中,关于三类缺陷的分类看似逻辑完整,但其逻辑前提的错位以及判断标准的不可量化性,最终导致了缺陷评价的复杂性与主观性(Earley 等,2008;Wolfe,2009),不同公司在判断哪些缺陷属于重大缺陷时,其标准可能是不一致的(Ashbaugh-Skaife 等,2007;Doyle 等,2007)。Stephens(2009)发现公司的 CFO 如果有财务经历,则更倾向于将内部控制缺陷分类为重大缺陷而非重要缺陷。同时,缺陷评价的主观性和复杂性也给了管理者动机去劝说和影响审计人员的判断。Earley 认为,公司关于内部控制缺陷的分类会影响审计人员关于内部控制的鉴证意见。Wolfe(2009)研究了审计人员发现内部控制缺陷时管理者的两类策略:承认或否认,并进一步认为,在 IT 控制下,承认相比于否认更容易降低审计人员对内部控制缺陷认定的评价,而对于人工控制则没有差异。因为承认这一策略更有助于降低审计人员发现缺陷时的不利情绪,承认的益处在于管理者传达了他们愿意为内部控制承担责任的一个信号。同时,IT 控制的技术因素也对此有帮助,尽管这些技术因素本身与内部控制可能无关。

二、基于"是否直接导致财务错报"分类

王惠芳(2011)基于"是否直接导致财务错报"分类,将内部控制缺

陷分为会计层面内控缺陷和公司层面内控缺陷。会计层面内控缺陷是指可以直接导致财务错报的内控缺陷,具体包括账户核算类缺陷、账户核对类缺陷、原始凭证类缺陷、期末报告类缺陷和会计政策遵从类缺陷。公司层面内控缺陷是指"发生在会计层面之外的,影响公司经营效率和经济效益以及间接影响财务错报的内控缺陷",具体包括控制环境类缺陷、风险评估类缺陷、信息与沟通类缺陷、控制活动类缺陷、内部监督类缺陷和 IT 控制类缺陷。

尽管这种分类明确了内部控制的目标,尤其是会计层面内控缺陷界定相对清楚,但仍然不能摆脱以目标来定义缺陷的局限。而且,会计层面内控缺陷和公司层面内控缺陷逻辑界限不够清楚,尽管它在定义公司层面内控缺陷时,将会计层面内控缺陷人为排除在外,但是诸如财务人员出了问题,到底是公司层面内控缺陷还是会计层面内控缺陷,很难界定清楚。而且在将公司层面内控缺陷划分为控制环境类缺陷、风险评估类缺陷、信息与沟通类缺陷、控制活动类缺陷、内部监督类缺陷和 IT 控制类缺陷时,明显落入了 COSO 框架的俗套,不具备进一步评价的可操作性。

三、基于"缺陷原因"分类

Doyle 等(2007)根据缺陷产生的原因,将内部控制缺陷分为三大类:人员原因缺陷、复杂性原因缺陷和一般性原因缺陷。

人员原因缺陷主要是指由于人的素质、能力引起的缺陷,包括:由于缺少足够称职的人员或资源,从而导致不能最终解决会计或其他披露事项存在的问题,不能及时和有效地复核;员工的培训不够;不相容职务未分离等。

复杂性原因缺陷是指公司业务或制度相对复杂而引起的缺陷,主要包括公司各个机构或部门政策不一致方面的缺陷、在适用诸如套期准则等复杂会计准则时的解释和应用方面的缺陷。

一般性原因缺陷主要包括与合同相关的内控缺陷、业务流程的设计与执行缺陷、期末财务报告程序缺陷。

从归因的视角对内部控制缺陷进行分类,规避了以目标来定义缺陷的局限性。而且,可以明示内部控制缺陷产生的根源,有助于采取进一步的措施去减少内部控制缺陷发生的可能性。但是,内部控制缺陷产生的原因多种多样,同一个缺陷亦有可能由多种原因引致。所以,在缺少一个完整严密的内部控制理论框架的前提下,以原因作为内部控制缺陷的分类标准仍然是不现实的。

四、基于"内部控制层次"分类

按照 PCAOB(2007)第 5 号准则,内部控制被划分为公司层面控制和业务层面控制。公司层面控制主要包括与内部环境相关的控制、针对管理层凌驾于控制之上的风险而设计的控制、企业的风险评估过程、对内部信息传递和财务报告流程的控制、对控制有效性内部监督和自我评价。业务层面控制主要是指公司具体经营业务活动和相关事项的控制。所以内部控制缺陷也可以被分为公司层面缺陷和业务层面缺陷(Moody's,2004)。Moody's 将公司内部控制缺陷分为 A 类和 B 类。A 类缺陷主要与特定账户与交易层面的控制有关,B 类缺陷主要与公司层面的控制缺陷有关。A 类缺陷通常包括:核算或有损失时不足的内部控制、记录资产证券化时文档的缺陷、适用新准则时不恰当的内部控制等(Doyle 等,2007)。B 类缺陷通常包括:高层管理人员权力过大、无效的内部环境、高层管理基调的缺陷、不足的识别缺陷措施、普遍的无效控制程序和无效的会计人员(Moody's,2006;Doyle 等,2007)。

与其他分类标准相比而言,将内部控制按照层次划分为公司层面控制和业务层面控制是一个很好的分类标准,它可以使评价更好地遵循"自上而下"的思路,更好地开展内部控制评价工作。同时,相比于业务层面控制,公司层面控制更加重要,一旦出现缺陷,也更加严重。对于投资者而言,缺陷的严重程度不同,信息含量也不同(Hermanson 等,2009)。不同层面的控制会影响投资者关于财务报告(Asare 和 Wright,2008)和审计报告(Hammersley 等,2008)的信心,会增加内部控制缺陷更正的及时性(Goh,2009)和审计的困难性(Moody's,2006;Bedard 等,

2011）。Moody's 认为,公司层面控制缺陷会影响公司的信用评级。Kim 等(2011)发现,存在公司层面缺陷时(相比于业务层面缺陷)贷款利率更高。这意味着贷款人能够识别公司层面缺陷与业务层面缺陷。

第三节 内部控制缺陷的实证研究现状

内部控制缺陷作为内部控制质量的负向陈述,得到了理论界和实务界越来越多的重视。如图 4 – 1 所示,内部控制缺陷在企业内部的不可观测性,使得只有披露之后,才能作为实证研究的证据。在自愿披露的情形下,现有实证研究多是将是否自愿披露内部控制信息作为内部控制缺陷是否存在的标准,或者是通过进一步分析自愿披露的信息得出内部控制缺陷存在的证据。在强制披露的情形下,现有实证研究会直接认可披露缺陷的客观性。但事实上,内部控制缺陷的存在、识别和披露存在层层递进和互为联系、彼此影响的关系。Ashbaugh-Skaife 等(2007)认为,内部控制缺陷最终得以披露的标准是以下三种情形必须同时出现:①存在内部控制缺陷;②内部控制缺陷得以识别;③内部控制缺陷得以披露。在此基础上,才可以针对内部控制缺陷的影响因素、经济后果等展开一系列的实证研究。

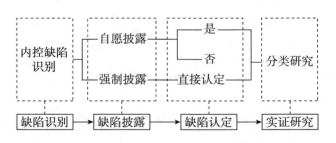

图 4 –1 内部控制缺陷研究现状

一、自愿披露背景下内部控制缺陷的实证研究

以往的研究发现,在 SOX 法案颁布之前,就有很多公司自愿披露内部控制报告,但是财富 100 强的公司更倾向于自愿披露内部控制的报告,较小规模的公司不会这样做(McMullen 等,1996)。近年来关于自愿披露的研究主要集中在公司自愿披露的动因上,Bronson 等(2006)发现自愿披露内部控制的公司通常规模较大,有更高的机构投资水平,审计委员会更活跃、利润增长更快。那些有较快收入增长速度的公司更倾向于不愿披露内部控制。Deumes 等(2008)发现内部控制信息披露程度与管理层和外部大股东持股比例成反向关系,与财务杠杆成正向关系。同时也发现信息披露的程度与公司内在披露习性有关,通常以公司的经营特性作为代理变量。

国内关于内部控制的实证文献并不多,仅有的几篇文献,或是将内部控制信息的自愿披露与否(内部控制评价报告和内部控制鉴证报告)作为内部控制质量较高的传递信号(杨有红和汪薇,2008;林斌和饶静,2009),或是简单分析公司披露的内部控制自我评价报告,从中识别出内部控制缺陷进行研究(田高良等,2010;王惠芳,2011)。但是,在国内上市公司内部控制信息自愿披露流于形式,无实质性内容(李明辉等,2003;杨雄胜等,2007;杨有红和汪薇,2008)的情况下,以此基础做出的研究必然存在很大的局限性。所以,需要有更好的途径去识别和认定内部控制缺陷,并以此为基础开展后续研究。

按照《企业内部控制规范》及《企业内部控制配套指引》的规定,自 2011 年 1 月 1 日起,境内外同时上市的公司才会被强制披露内部控制自我评价报告和内部控制审计报告。自 2012 年 1 月 1 日起,上海证券交易所和深圳证券交易所主板上市的公司才会强制披露内部控制自我评价报告和内部控制审计报告。截至本章撰写之时,尚未能取得关于内部控制强制披露的数据,所以囿于我国的制度背景,如何大样本地研究内部控制缺陷是一个很大的难题。

二、强制披露背景下内部控制缺陷的实证研究

SOX 法案颁布后,随内部控制评价报告等信息被强制披露,美国关于内部控制缺陷的实证研究就如火如荼地发展起来。内部控制缺陷的研究多集中在内部控制缺陷的影响因素和经济后果。内部控制缺陷的影响因素又从企业的性质(Ge 等,2005;Leone,2007;Ashbaugh-Skaife 等,2007;Doyle 等,2007a)和公司治理结构(Hoitash 等,2008;Hermanson 等,2009;Goh,2009)两个方面展开研究。企业的性质通常包括公司规模、成立年限、财务状况等因素;公司治理结构的重点主要集中在对董事会、审计委员会、内部审计结构特征等方面的研究上。内部控制缺陷的经济后果主要体现在对权益资本成本的影响(Ogneva 等 2007;Ashbaugh-Skaife 等,2009)和市场价格变动(De Franco 等 2005;Beneish 等,2008;Hammersley 等,2008;Ashbaugh-Skaife 等,2009)的影响上。

但是关于内部控制缺陷影响因素及经济后果的研究,多是将披露的内部控制缺陷作为公司实际存在的缺陷进行研究,却忽视了从缺陷识别到缺陷披露仍然是一个主观判断的过程。即使有法律的强制规定,这一现象也并未加以改观。SOX 法案将内部控制缺陷分为三类,只有重大缺陷才进行披露。但是,重大缺陷、重要缺陷和一般缺陷的判断标准并不明确,带有很大的主观性。不同的公司,即使全部都基于客观的立场,对同一缺陷最后的判断也未必完全一致。

第四节 内部控制缺陷的实证研究框架构建

如前所述,内部控制缺陷的研究建立在内部控制信息披露的基础上,本书以 2009 年度深市和沪市上市公司为研究对象,仍处于自愿披露的制度背景下。由于内部控制缺陷自愿披露动机不足,而且往往流于形式。所以直接通过研究上市公司自愿披露的内部控制自我评价报告来认定内部控制缺陷,具有很大局限性。

相对于自愿披露信息,强制披露信息更具信息含量。但是,无论是自愿披露,还是强制披露,披露主体都是公司。内部控制缺陷对于企业而言,总归是坏消息。即使法律规定强制公司披露内部控制存在的重大缺陷,公司在披露时一定会慎重地考虑。内部控制运行的不可直接观测性以及法律制度关于披露界限的非定量性,决定了很多公司会低估自己存在的内部控制缺陷水平。公司披露的信息,无论是自愿披露还是强制披露,都带有无法克服的自我选择偏差。

一、内部控制缺陷的实证研究思路

因为公司是一系列契约的集合,除了投资者外,供应商、顾客、债权人均是企业契约的相关缔约方,如图 4 - 2 所示。前已述及,基于契约的不完备性,部分产权属性被置于公共领域,内部控制才有存在和发展的需要。内部控制是对公共领域产权属性进行配置,弥补契约不完备性,保障契约有效履行的机制。所以,如果内部控制存在缺陷,契约履行过程就可能出现问题。

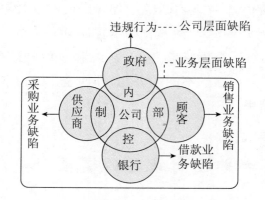

图 4 - 2 　基于契约视角的内部控制缺陷识别

最了解企业契约不能顺利履行的无疑是缔约方。所以,公司以及与公司缔约的各方基于利益诉求的需要,会诉诸于法律,表现结果就是各方与公司的诉讼仲裁纠纷。公司销售商品或服务给顾客,如果销售业务出现内部控制缺陷,例如货款无法收回,公司可能会要求顾客赔偿货款或承担违约责任等。公司与供应商、顾客和银行方面的纠纷主要是业务方面的,所体现的也就是业务层面缺陷。政府作为法律法规制度和社会公共物品的提供者,亦可视作缔约方。与其他缔约方不同的是,政府拥有权威与强制力,一旦政府与公司约定的契约出现问题,政府就会直接对其进行处罚。公司违反政府法律法规的行为性质比较严重,多属于公司层面的问题,我们将之归为公司层面缺陷。

以公司与缔约方的履约纠纷作为业务层面内部控制缺陷的代理变量,好处在于能够直接度量契约的履约过程,但是由于诉讼与仲裁纠纷的成本相对较高,缔约双方只有在无法沟通协调时才会求助于法律。同时,诉讼仲裁纠纷的滞后性,决定了可能会遗漏部分内部控制缺陷。为了弥补上述局限,有必要寻找一些更为直接的指标以使得对内部控制缺陷的计量更加准确。

二、内部控制缺陷认定的指标体系

基于对内部控制缺陷的实证研究框架分析,我们构建了内部控制缺陷认定的指标体系。本书借鉴 PCAOB(2007)和《企业内部控制审计指引》解释中关于公司层面控制和业务层面控制的分类标准,将内部控制分为公司层面控制和业务层面控制。实证研究关于公司层面控制和业务层面控制缺陷认定的数据来源包括:证监会、深交所、上交所的行政处罚数据和进行现场检查后出具的“责令改正决定书”、公司年度报告中的诉讼与仲裁披露及其他公开数据。对这些数据进行分类处理后,识别出公司内部控制的公司层面缺陷和业务层面缺陷,如表4-1所示。

表 4 - 1　内部控制缺陷认定指标体系

缺陷类型		认定事项	数据来源
公司层面缺陷(基于法律契约)	高层基调	公司高管违规买卖股票、涉及内幕交易行为 重大事项授权、审议程序缺失	行政处罚公告
	信息披露	业绩预告快报、重大事件披露不及时 业绩预告快报、重大事件披露不实、重大遗漏	行政处罚公告
	董事会功能	董事会会议记录不规范 下设委员会未发挥功能等	责令改正决定书
	内部监督	内部审计职能未能得到发挥	责令改正决定书
业务层面缺陷(基于业务契约)	销售业务	因销售产品(承建工程)质量被索赔 逾期无法收回货款	诉讼仲裁纠纷
	采购业务	逾期未支付货款 存货损失向其他公司索赔 预付定金未收到存货	
	借款业务	逾期不还短期借款 逾期不还长期借款	
	合同纠纷	租赁协议 销售合同协议	
业务层面缺陷(补充认定)	销售业务	应收账款账龄	财务报告
	采购业务	存货周转率	
	投资业务	长期投资减值准备 固定资产减值准备	
	员工培训	员工培训费发生额	

1. 公司层面缺陷

　　公司层面缺陷的数据主要来源于证监会、上交所和深交所的行政处罚公告及"责令改正决定书"。相比于公司自愿披露的内部控制缺陷，甚至于按照美国 SOX 法案强制披露的内部控制缺陷，数据来源更加可靠。因为无论是我国的《企业内部控制基本规范》还是美国的 SOX 法案，内部控制系统的最高点是董事会，对外披露内部控制缺陷的责任主体也是董事会。当董事会本身存在缺陷时,如何保证其对外披露内部控制缺陷的可靠性? 更何况包括 Moody's 在内的信用评级机构已将公司层面缺陷作为影响其对公司信用评级的重要因素,公司更不会轻易披露自己公司层面的缺陷。即使按照 SOX 法案 404(b)条的规定,由会计师事务所对内部控制进行审计,可是因为两个方面的原因,会计师事务所对公司层面缺陷也很难做出正确判断:一方面,公司层面缺陷的难审计性,决定了其披露的困难性;另一方面,会计师事务所在对内部控制进行审计时,其职业判断会受到公司董事会的重大影响。所以,在现有自愿披露的制度背景下,以证券监管部门的相关处罚及现场检查结果作为公司层面缺陷的代理变量是最优选择。此外,以此为切入点开展研究,对于我国进一步完善关于内部控制相关法律规范的规定有着较强的借鉴意义。由于公司层面缺陷的数据来源于证券监管部门,如果实证研究证明其足以帮助投资者做出正确的决策判断,并有效支持投资者保护的目标,则基于强制公司披露内部控制缺陷成本的高昂性及判断的复杂性,决定了其强制披露的必要性被弱化。

在表 4-1 中,根据证监会公告和"责令改正决定书"分类整理识别出的公司层面缺陷主要包括:高层基调、信息披露、董事会功能、内部监督等缺陷。

高层基调是指组织内部高层管理人员共同展现的诚信态度与控制意识(Hansen 等,2009)。如果高层基调不能提供良好的道德环境,管理人员更易舞弊(D'Aquila 和 Bean,2003)。良好的高层基调还能改进公司经营管理行为,例如降低管理人员持续进行不利项目的倾向(Booth 和 Schulz,2004)、有更好的财务业绩(Verschoor,1998)、有更好的成功机会(Hosmer,1994)。以往在评价公司软环境时,往往以公司文化建立与否、有无相应的政策制度等来进行评价,但是很显然这些均不足以反映软环境的实际运行情况。当高管违反内幕交易或其他相关法规规定,违规买卖股票时,就意味着其诚信品德存在重大问题。所以,本书将高管的违规行为视作其诚信道德水平低下,通过评价人的行为去评价人的道德水平及公司的道德文化价值环境,很显然更为直接。

关于信息披露，证券监管机制是从外部监管者的角度来进行处罚的。但事实上信息披露，无论是自愿披露还是强制披露，均是内部治理机制和外部治理机制共同控制的结果。当法律法规强制披露重大事项、业绩预报快报的内容及期限，但公司却没有按规定披露时，就意味着公司内部治理机制及信息沟通程序存在问题。所以，当证券监管机构对公司不能及时、如实披露相关重大事件做出处罚公告时，我们可以反推公司内部治理及信息沟通程序一定存在问题。

　　董事会功能缺陷主要来源于上交所、深交所的"责令改正决定书"。当"责令改正决定书"列明公司董事会会议记录不规范、下设委员会未发挥功能等时，视作董事会功能未能得到有效履行。现有的研究简单地将董事会的结构作为衡量内部控制质量水平的代理变量。但实际上，诸如董事会的两职状态（董事长与总经理是否两职分设）、独立董事比例等并不足以反映其运行状况，更何况由于内部控制的权变性，我们无从判断对于具体的公司而言，什么样的董事会结构特征是最好的。现有的实证研究关于董事会结构特征与业绩关系结论的不一致性就很好地说明了这个问题。例如，有的实证研究认为两职状态对公司业绩表现没有显著影响（白重恩等，2005），有的实证研究却发现两职分设未能提高公司绩效（Bhagat 等，2008），Peng 等（2007）则得出了两职合一与公司业绩正相关的结论。关于独立董事，有的实证研究发现独立董事与公司业绩正相关（高明华等，2002；王跃堂等，2006；宁家耀等，2008）。亦有研究认为独立董事与公司业绩负相关（Donaldson 等，1994；Agrawal 等，1996）。所以，因为"责令改正决定书"源于证券监管机构对上市公司的实地检查，其数据更具可靠性。

　　内部监督缺陷主要来源于上交所、深交所的"责令改正决定书"，凡是"责令改正决定书"中有"内部审计职能未能得到发挥"判断的，均视为存在重大缺陷。此外，因为内部审计作为内部监督职能的重要执行部门，其级别越高，就越有利于内部监督职能的履行。所以，如果公司的内部审计机构直接隶属于财务处或未明确表明设置内部审计部门，视为存在重大内部控制缺陷。

2. 业务层面缺陷

业务层面缺陷认定分为两大类:基于业务契约和补充认定。关于补充认定的具体计算标准如表4-2所示。

表4-2 业务层面缺陷(补充认定)计算标准

缺陷认定指标		认定标准
业务层面缺陷(补充认定)	应收账款账龄	分行业计算公司三年及以上应收账款账龄分别占应收账款的比例,识别与认定重大缺陷,赋值为1
	存货周转率	分行业计算公司存货周转率,在行业5%分位数以下,视作存在缺陷,赋值为1
	长期投资减值准备	分行业计算公司长期投资减值准备余额占总资产的比例,在行业前5%分位数,视作存在缺陷,赋值为1
	固定资产减值准备	分行业计算公司固定资产减值准备余额占总资产的比例,在行业前5%分位数,视作存在缺陷,赋值为1
	员工培训费	分行业计算公司员工培训费发生额占管理费用的比例,在行业后5%分位数,视作存在缺陷,赋值为1

从本质而言,业务层面缺陷的认定建立在对风险的识别与分析基础之上。一旦发生诉讼仲裁纠纷,就意味着与销售业务、采购业务、借款业务和合同方面相关的风险已经变为事实。但是,诉讼仲裁纠纷的滞后性决定了有可能遗漏部分内部控制缺陷。所以,需要对业务层面缺陷进行补充认定。补充认定以内部控制潜在风险为基础。货款无法收回是销售业务的重要风险。如果货款无法收回,就意味着销售业务内部控制环节存在缺陷,所以,可以应收账款账龄作为销售业务层面缺陷认定标准。采购业务中,采购货物无法与生产经营匹配是重要风险。采购的货物过少或积压都意味着订货、仓储、生产单个环节或环节之间存在沟通上的内部控制缺陷,可以存货周转率作为采购业务缺陷认定标准。投资业务中,投资的资产发生减值意味着,原先的投资决策程序可能没有预测或管理好投资业务中可能的风险,投资决策程序存在内部控制缺陷,所以

可以资产减值准备作为认定内部控制缺陷的基础。同时,新会计准则体系颁布实施后,长期资产减值损失不可转回,因而长期资产减值准备的计提更多的不是出于盈余管理动机,而应该是公司长期资产现状的较为真实反应。在内部控制运行过程中,人是关于内部控制有效性的最重要因素。员工培训费可以在一定程度上反映公司对人力资源的投入,所以以员工培训费作为补充认定的指标之一。

三、内部控制缺陷的样本统计

1. 公司层面缺陷的样本统计

"责令改正决定书"来自巨潮资讯网站,截至 2012 年 1 月 22 日,共检索取得"责令改正决定书"26 份,并详细阅读了"责令改正决定书"提出的改正意见,进行分类整理。公司违法违规行为取自 WIND 数据库,并手工翻阅了公司违法违规行为处罚决定书,去除因年度财务报告(因为报表重述会作为控制变量)、关联交易(因为关联交易作为投资者保护指标)而受到处罚的样本,时间以违法违规发生的时间为准,如果同一行为持续若干年,则以该行为最后终止的时间为准。因为内部控制的持续性和相对稳定性,我们有理由相信 2008 年度被惩处的违法违规行为,其背后的内部控制可能无法即时更正,会对 2009 年度的内部控制产生影响,而 2010 年度的违法违规行为可能会是 2009 年度的内部控制缺陷引起,在违法行为受到处罚是相对滞后的情况下尤为如此。所以,我们认为在 2008 ~2010 年有违法行为的公司,在 2009 年度都会存在内部控制缺陷。

表4-3 公司层面缺陷类别统计样本数

缺陷类型	缺陷类别	合计(家)
高层基调	公司高管违规买卖股票、涉及内幕交易行为	37
	重大事项授权、审议程序缺失	32
信息披露	业绩预告快报、重大事件披露不及时	42
	业绩预告快报、重大事件披露不实、重大遗漏	45
董事会功能	董事会会议记录不规范	20
	下设委员会未发挥功能等	
内部监督	内部审计职能未能得到发挥	2

结合"责令改正决定书"和违规行为,我们共得到存在公司层面缺陷的公司样本146家。表4-3中,各类公司缺陷类别合计数超过146家的样本公司总数,是因为一家公司可能存在一类以上的缺陷。在146家样本公司中,有48家公司是中小板上市公司,我们在最终的实证检验中会予以剔除。

2. 业务层面缺陷的样本统计

公司诉讼仲裁纠纷数据、应收账款账龄、存货周转率取自WIND数据库,长期资产减值准备、固定资产减值准备数据系从年报中手工收集。基于公司诉讼仲裁纠纷数据,可以得到2009年度存在业务层面缺陷(基于业务契约)样本合计42家,其中中小板上市公司7家。表4-4中,各类公司缺陷类别合计数超过42家的样本公司总数,是因为一家公司可能存在一类以上的缺陷。基于业务层面缺陷(补充认定)可以得到2009年存在缺陷样本合计196家,合计得到业务层面缺陷样本219家(196+35-12)。最后,在剔除中小板上市公司和金融类公司后,我们得到存在公司层面缺陷样本公司95家,业务层面缺陷样本公司219家,有27家公司同时存在公司层面缺陷与业务层面缺陷,最后得到内部控制缺陷样本287家。当公司同时存在公司层面缺陷与业务层面缺陷时,我们视作存在公司层面缺陷。

表 4 - 4　业务层面缺陷类别统计样本数

缺陷类型		缺陷类别		合计(家)
业务层面缺陷(基于业务契约)	销售业务	因销售产品(承建工程)质量被索赔		4
		逾期无法收回货款		7
	采购业务	逾期未支付货款		5
		存货损失向其他公司索赔		1
		预付定金未收到存货		1
	借款业务	逾期不还短期借款		9
		逾期不还长期借款		16
	合同纠纷	租赁协议		3
		销售合同协议		4
业务层面缺陷(补充认定)	销售业务	应收账款账龄	3 年以上(占应收账款比重 >40%)	36
			3 ~4 年(占应收账款比重 >40%)	2
			4 ~5 年(占应收账款比重 >30%)	4
			5 年以上(占应收账款比重 >20%)	41
	采购业务	存货周转率		3
	投资业务	长期投资减值准备		45
		固定资产减值准备		45
	员工培训	员工培训费用支出		44

第五节　内部控制缺陷的影响因素分析

在对内部控制缺陷影响因素进行回顾的基础上,本节对我国上市公司内部控制缺陷的影响因素进行分析。

一、文献回顾及研究假设

1. 文献回顾

Ge 等(2005)和 Doyle 等(2007)研究了在 SOX 法案实施后,强制披露的重大缺陷与公司性质的关系,发现重大缺陷与公司的复杂性(分支机构众多和外币交易)正相关,与公司规模负相关,与盈利能力负相关。但是,Leone(2007)认为公司规模与内部控制缺陷是倒"U"形关系,对于规模特别小和特别大的公司,内部控制质量水平都相对较低。Ashbaugh-Skaife 等(2007)研究了 SOX 法案实施前的内部控制缺陷(不仅包括重大缺陷,而且包括重要缺陷和一般缺陷),得出了与 Ge 等和 Doyle 等相似的结论。

Doyle 等进一步将重大缺陷分为公司层面缺陷和业务层面缺陷,发现:存在公司层面缺陷的公司相对较年轻、规模较小和财务状况较差,这主要源于公司缺少对有效控制系统的资源及经验投入;存在业务层面缺陷的公司相对财务状况较健康,但经营活动较复杂且呈现灵活变化态势。

前已述及,国内内部控制缺陷研究的文献,以公司自愿披露的内部控制评价报告为基础,分类整理内部控制缺陷,并对其影响因素进行分析(田高良等,2010)。本书则建立在基于契约视角对内部控制缺陷进行认定的基础上,对内部控制缺陷进行分类:公司层面缺陷和业务层面缺陷,并分析其影响因素。

2. 研究假设

借鉴 Ashbaugh-Skaife 等、Doyle 等和 Leone 的做法,将影响内部控制缺陷的因素分为三大类:公司复杂性、公司的异常变动和内部控制资源的投入。

公司经营活动越复杂,所面临的市场不确定的风险越大,与之相对应,公司内部的业务管理流程也会越复杂,部门之间的层级沟通能力就会减弱,信息不对称的程度就会更加严重,就更容易出现非故意的错误和有意而为之的舞弊,从而影响内部控制缺陷的产生。借鉴以往的研究,我们以公司分支机构数目及公司有形资产水平来测度经营活动的复杂性。由此,我们可以得出假设 4 - 1:

假设 4 - 1:公司经营活动越复杂,内部控制缺陷存在的可能性就越大。

具有一定的滞后性是公司内部控制制度的固有局限。当公司近期出现重大变动,而内部控制制度不能适应这一变化时,就会产生内部控制缺陷。由此,我们可以得出假设4-2:

假设4-2:公司近期的异常变化会加大内部控制缺陷存在的可能性。

公司的内部控制质量与公司管理层对其重视程度直接相关,具体表现为公司对内部控制资源的投入。公司对内部控制资源投入越多,内部控制质量也应该相对越好。由此,我们可以得出假设4-3:

假设4-3:公司内部控制资源投入越多,内部控制缺陷存在的可能性就越小。

二、研究设计

1. 样本选择

本章数据取自公司年报与 CSMAR 数据库、WIND 数据库。截至 2009 年 12 月 31 日沪市和深市上市 A 股公司共计 1725 家,本书剔除了金融业公司 32 家,中小板上市公司 327 家,无法取得相关数据公司 265 家,最后得到样本公司 1101 家。本书处理数据所用软件为 SAS 8.2。

2. 变量定义及数学模型

本书采用 Logistic 多元回归法考察内部控制缺陷的影响因素。本书涉及的变量定义如表4-5所示。

在此基础上,我们建立数学模型如模型(4-1)、模型(4-2)、模型(4-3)所示。

$$ICD = a_1SEGS + a_2INFIX + a_3RESUR + a_4SAGROW + a_5MARV + a_6Z +$$
$$a_7LOSS + a_8FRIMAGE + a_9ASSET + a_{10}INDPP + a_{11}INAUDBE +$$
$$a_{12}BODEXE + a_{13}INSTITU + a_{14}ADFIRM + a_{15}STKCD + a_{16}RESTA_{08} +$$
$$\sum_{j=17}^{28} a_jIND_i + e_1 \qquad\qquad\qquad (4-1)$$

$$ICD - ENT = a_1SEGS + a_2INFIX + a_3RESUR + a_4SAGROW + a_5MARV +$$
$$a_6Z + a_7LOSS + a_8FRIMAGE + a_9ASSET + a_{10}INDPP +$$
$$a_{11}INAUDBE + a_{12}BODEXE + a_{13}INSTITU + a_{14}ADFIRM +$$

$$a_{15}RESTA_{08} + \sum_{j=16}^{27} a_j IND_i + e_1 \qquad (4-2)$$

$$ICD - ACC = a_1 SEGS + a_2 INFIX + a_3 RESUR + a_4 SAGROW + a_5 MARV +$$

$$a_6 Z + a_7 LOSS + a_8 FRIMAGE + a_9 ASSET + a_{10} INDPP +$$

$$a_{11} INAUDBE + a_{12} BODEXE + a_{13} INSTITU + a_{14} ADFIRM +$$

$$a_{15} ADFIRM + a_{16} RESTA_{08} + \sum_{j=17}^{28} a_j IND_i + e_1 \qquad (4-3)$$

表 4 – 5 变量定义及说明

变量类型		变量名称	变量符号	变量定义
被解释变量		内部控制缺陷	ICD	认定公司是否存在内部控制缺陷,存在赋值为1,否则为0
		公司层面内部控制缺陷	ICD – ENT	认定公司是否存在公司层面内部控制缺陷,存在赋值为1,否则为0
		业务层面内部控制缺陷	ICD – ACC	认定公司是否存在业务层面内部控制缺陷,存在赋值为1,否则为0
解释变量	公司复杂性	分支机构数目	SEGS	公司在2009年所拥有的子公司的数目,取平方根
		有形资产水平	INFIX	2009年12月31日(存货 + 固定资产)/总资产
	公司异常变动	重组	RESUR	虚拟变量,当公司在2009年度发生并购或重组时等于1,否则为0
		销售增长率	SAGROW	2007 ~ 2009年的平均销售增长率,如果在行业75%分位数以上,视为异常,赋值为1,否则为0
	内部控制资源投入	市场价值	MARV	2007 ~ 2009年公司市值的平均值,以10亿元为单位
		财务风险	Z	"Z – Score"模型计算的Z分值
		亏损年度	LOSS	如果2008年度和2009年度平均营业利润为负,则赋值为1,否则为0
		公司上市年限	FRIMAGE	截至2009年12月31日,公司上市的年限
		公司规模	ASSET	公司2009年12月31日资产总额自然对数

续表

变量类型		变量名称	变量符号	变量定义
控制变量	治理结构	独立董事兼职	INDPP	独立董事在其他公司兼任独立董事占本公司独立董事的比例
		内部审计隶属部门	INAUDBE	如果内部审计机构隶属于审计委员会或董事会,则赋值为1,否则为0
		董事长与总经理设置	BODEXE	二者分离,赋值为1,否则为0
		机构投资者	INSTITU	2009年12月31日机构投资者持股比例
	外部监督	外部审计	ADFIRM	如为国际四大会计师事务所或国内十大会计师事务所,赋值为1,否则为0
	法律监管	上市地点	STKCD	如果公司在沪市上市,则赋值为1,否则为0
	报表重述	2008年度报表重述	$RESTA_{08}$	如果公司2008年度报告重述,则赋值为1,否则为0
	行业因素	将金融行业剔除后,按证监会行业分类划分十二个行业进行行业控制		

注:$Z = 0.012X_1 + 0.014X_2 + 0.033X_3 + 0.054X_4 + 0.999X_5$。

式中,$X_1 = ($流动资产 – 流动负债$) \div$ 总资产;$X_2 =$ 留存收益 $\div$ 总资产;$X_3 =$ 息税前利润 $\div$ 总资产;$X_4 =$ 优先股及普通股的市场价值 $\div$ 总负债;$X_5 =$ 销售总额 $\div$ 总资产。

3. 参数与非参数检验

为了更好地研究内部控制缺陷的影响因素,本书按照是否存在内部控制缺陷将总体样本分为两组。参数及非参数检验结果报告在表4－6中。

表4－6　基于内部控制缺陷的参数及非参数检验

		ICD(内部控制缺陷)		差值
		0(不存在)	1(存在)	
SEGS	均值[a]	3.2258	3.1667	0.0591[***c]
	中位数[b]	2.82843	2.82843	0
INFIX	均值	0.9534	0.9512	0.0022
	中位数	0.969521	0.966593	0.002928
MARV	均值	10.789	9.3032	1.4858[**]
	中位数	5.021528	3.224229	1.797299[***]

续表

		ICD(内部控制缺陷)		差值
		0(不存在)	1(存在)	
Z	均值	0.7176	0.7024	0.0152*
	中位数	0.595530	0.4505581	0.144972***
FRIMAGE	均值	11.698	12.729	−1.031***
	中位数	11.81644	12.62466	−0.80822***
ASSET	均值	9.5421	9.3391	0.203***
	中位数	9.45528	9.23592	0.21936***
INDPP	均值	0.2536	0.2793	−0.0257
	中位数	0	0	0
INSTITU	均值	0.1144	0.0794	0.035***
	中位数	0.04112083	0	0.041121***

注:a. 均值比较用单侧 t 检验;b. 中位数的比较用 Kruskal – Wallis 检验;c. ***、**、*分别表示在1%、5%和10%的水平上显著。

从表4 – 6 可以看出,存在内部控制缺陷的公司的市场价值 MARV、公司规模 ASSET 和 Z 显著低于不存在内部控制缺陷的公司,这意味着市场价值、公司规模和 Z 越大,存在内部控制缺陷的可能性越小。这是因为市场价值和公司规模越大,公司可利用的资源越多,可用于投入内部控制的资源也就越多,从而内部控制质量越好。Z 越大,公司的破产风险越小,从而可以用于内部控制资源的投入就会越多,所以存在内部控制缺陷的可能性也就会越小。存在内部控制缺陷的公司的上市年限 FRIMAGE 显著高于不存在内部控制缺陷的公司,这意味着公司上市年限越长,存在内部控制缺陷的可能性就越大,这有可能是因为我国对上市公司的监管制度逐渐变得更加严格,而对于早期上市的公司监管较松所导致的。当然也有可能是因为公司上市时间越长,其向市场传递优良信号的动机越弱的原因所致。存在内部控制缺陷的公司的机构投资者持股比例 INSTITU 显著低于不存在内部控制缺陷的公司,这主要可能是源于机构投资者对公司的监管作用。

4. 相关系数

各个变量间的相关系数如表4 – 7 所示。

表 4 - 7　各个变量间的相关系数

	ICD	SEGS1	INFIX	RESUR	SAGROW	MARV	Z	LOSS	FRIMAGE	ASSET	INDPP	INAUDBE	BODEXE	INSTITU	ADFIRM	STKCD	RESTA$_{08}$
ICD	1.0000	-0.0306	-0.0458	0.0725**	0.0088	-0.0607***	-0.0562***	0.1787***	0.1031***	-0.1734***	0.0060	-0.0355	-0.0432	-0.1228***	-0.0717***	-0.0883***	0.0511*
SEGS1	-0.0145	1.0000	0.0248	0.0313	0.0087	0.2542***	0.1024***	-0.1649***	0.1240***	0.4234***	0.0673***	0.0472	0.0389	0.1957***	0.1193***	0.0294	0.0154
INFIX	-0.0159	-0.0677***	1.0000	0.0072	0.0559*	0.0303	0.0478	-0.0675***	0.0085	0.1065***	0.0374	0.0126	0.0314	0.0461	-0.0141	0.0328	0.0536*
RESUR	0.0725**	0.0220	-0.0475	1.0000	0.0012	-0.0384	-0.043**	0.0974***	-0.0189	-0.1244***	0.0316	-0.0353	-0.0442	-0.0658**	-0.1141	-0.0788***	0.0229**
SAGROW	0.0088	0.0064	0.0478	0.0012	1.0000	0.0500*	-0.0481	-0.0225	-0.0304	0.0827***	0.0697***	0.0186	0.0373	0.0642	0.0584*	0.0281	0.0406
MARV	-0.1640***	0.3524***	0.0823***	-0.1120***	0.0556***	1.0000	0.0235	-0.1656***	-0.1046***	0.6083***	0.0668**	-0.0158	0.0583**	0.3132	0.2277***	0.0316*	-0.0236
Z	-0.1366***	0.0782***	-0.0894***	-0.1089***	-0.0810***	0.0521*	1.0000	-0.1079	0.0123	0.0572	0.0189	0.0110	0.0160	0.1734	0.0270	-0.0096	-0.0341
LOSS	0.1787***	-0.1597***	-0.1055***	0.0974***	-0.0225	-0.3753***	-0.1377***	1.0000	0.0907	-0.3295	-0.0500	-0.0435	-0.0570	-0.3204	-0.0860	-0.0293	0.0184
FRIMAGE	0.1026***	0.1148***	0.0445***	-0.0134	-0.0250	-0.0522*	-0.0494	0.0973***	1.0000	-0.0874	-0.0823	-0.0240	-0.0178	-0.0752	-0.0112	-0.2800	-0.0248
ASSET	-0.1681***	0.4086***	0.1420***	-0.1289***	0.0817***	0.8298***	0.0313	-0.3363***	-0.0657***	1.0000	0.0898***	0.0170	0.1333	0.4033	0.2495	0.0604	-0.0345
INDPP	0.0006	0.0531*	0.0534*	0.0351	0.0805***	0.0497*	0.0062	-0.0476	-0.0792***	0.0898***	1.0000	-0.0179	0.0398	0.0528	0.0076	-0.0261	0.0256
INAUDBE	-0.0174	0.0550*	0.0185	-0.0132	0.0186	0.0409	0.0071	-0.0335	0.0151	0.0058	-0.0189	1.0000	-0.0221	0.0567	-0.0426	0.2144	-0.0327
BODEXE	-0.0432	0.0462	0.0589*	-0.0442	0.0373	0.0957***	0.0310	-0.0570	-0.0187	0.1271***	0.0492	-0.0223	1.0000	0.0353	0.0817	0.0597	-0.0240
INSTITU	-0.2073***	0.2573***	0.0606***	-0.0994***	0.0828***	0.6998***	0.1906***	-0.4462***	-0.1188***	0.5955***	0.0737***	0.0586*	0.0857**	1.0000	0.1181	0.0053	-0.0303
ADFIRM	-0.0641***	0.0990***	-0.0016	-0.1093***	0.0481	0.2205***	0.0611	-0.0848***	-0.0121	0.2039***	0.0171	-0.0534	-0.0806***	0.1473***	1.0000	0.0519***	0.0573
STKCD	-0.0883***	0.0345	0.0769***	-0.0788***	0.0281	0.0554	0.0079	-0.0293	-0.2689***	0.0528	-0.0297	0.1103***	0.0597***	0.0505***	0.0519***	1.0000	0.0203
RESTA$_{08}$	0.0511*	0.0029	0.0721**	0.0229	0.0406	-0.0597***	-0.0779***	0.0184	-0.0269	-0.0308	0.0130	-0.0425	-0.0240	-0.0668***	0.0612***	0.0203	1.0000

注：***、**、*分别表示在1%、5%和10%的水平上显著。对角线右上角为 Pearson 相关系数，对角线左下角为 Spearman 相关系数。

从表4-7中可以看出,内部控制缺陷与重组显著正相关,即公司发生重大变动容易出现内部控制缺陷;内部控制缺陷与公司规模、市场价值显著负相关,与Z-Score、亏损年度LOSS显著正相关,这意味着公司资源投入越多,内部控制存在缺陷的可能性越小。这与我们的假设是一致的。此外,内部控制缺陷存在与机构投资者持股比例及会计师事务所审计质量显著负相关,这说明了外部监督机制对内部控制质量改进有一定的促进作用。此外,SIKCD的系数与内部控制缺陷显著负相关,这一方面可能是沪市公司内部控制质量更好,另一方面也可能是因为深市比沪市监管更严而导致的结果。这主要是因为我们公司层面内部控制缺陷数据来源于证券监管机构的处罚公告和"责令改正决定书",数据取得本身具有一定的局限性。

三、实证检验

1. 实证结果与分析

本章首先根据内部控制缺陷的存在与不存在进行1与0赋值。选用Logistic回归方法对模型(4-1)、模型(4-2)和模型(4-3)分别进行回归。在稳健测试时,会根据内部控制缺陷的数量对内部控制缺陷赋值,进行普通OLS回归。

表4-8 Logistic多元回归实证结果分析

	变量名称	变量符号	ICD	ICD - ENT	ICD - ACC
	截距		6.8530	5.8286	5.7836
公司复杂性	分支机构数目	SEGS	0.0711	0.00276	0.0835
	有形资产水平	INFIX	1.0906	0.1231	1.3346
公司的异常变动	重组	RESUR	0.1448	0.0490	0.0822
	销售增长率	SAGROW	0.1655	- 0.2739	0.3690^{***}

续表

	变量名称	变量符号	ICD	ICD – ENT	ICD – ACC
	截距		6.8530	5.8286	5.7836
内部控制资源投入	市场价值	MARV	0.0130**	0.0187**	0.00694
	财务风险	Z	−0.1020	−0.1653	−0.2555
	亏损年度	LOSS	0.6278***	0.6136**	0.4517**
	公司上市年限	FRIMAGE	0.0569**	0.00181	0.0867***
	公司规模	ASSET	−0.8365***	−0.8280**	−0.8044***
控制变量 治理结构	独立董事兼职	INDPP	0.1069	0.1668	−0.1584
	内部审计隶属部门	INAUDBE	−0.1836	0.1807	−0.2964
	董事长与总经理设置	BODEXE	−0.1453	0.0353	−0.2678
	机构投资者	INSTITU	−0.6281	0.6960	−2.0451**
外部监督	外部审计	ADFIRM	−0.1191	−0.2324	−0.0533
法律监管	上市地点	STKCD	−0.2830*	−1.0181***	0.0248
报表重述	2008 年度报表重述	$RESTA_{08}$	0.5056	1.4329***	−0.4122
Likelihood ratio, Chi – Square			91.7825***	61.5327***	92.7936***
Wald, Chi – Square			82.4977***	57.9619***	80.0235***
样本数量			1101	1101	1101

注：***、**、*分别表示在 1%、5% 和 10% 的水平上显著。

从表 4－8 中可以看出，无论是公司层面缺陷还是业务层面缺陷，抑或是不区分缺陷的类型，亏损年度 LOSS 都和缺陷的存在显著正相关，公司的规模均与缺陷的存在显著负相关。这是因为公司盈利状态较好和公司规模较大时，对于内部控制资源的投入就可能会越多，从而内部控制质量越好。在不区分缺陷类型时，公司上市年限与内部控制缺陷显著正相关，我们的假设 4－3 得以支持。从衡量公司复杂性的两个变量 SEGS 和 INFIX 来看，三个模型中两个变量的系数都为正，这意味着公司越复杂，内部控制越容易出现缺陷，但并没通过显著性检验，我们的假设 4－1 得以弱支持。公司重组变量 RESUR 在三个模型中系数都为正，但未通过显著性检验，我们的假设 4－2 得以弱支持。此外要注意的是，在对整体缺陷 ICD 和公司层面缺陷 ICD – ENT 进行回归中,内部控制缺陷与公司的市值显著正相关,这可能是因为公司随着公司市值增大,在资本市场中遇到风险也就越大,当公司内部控制不能应对和管理这些风险时,内部控制缺陷就有存在的可能性。

公司层面缺陷与业务层面缺陷影响因素也存在一些不尽相同的地方。业务层面缺陷与销售增长率 SAGROW 显著正相关。这说明相比于公司层面缺陷,业务层面缺陷受公司销售收入增长的影响更大。业务层面缺陷与上市公司的上市年限 FRIMAGE 显著正相关,虽然公司层面缺陷也与上市公司的上市年限正相关,但未通过显著检验,这意味着业务层面存在缺陷的公司相比于存在公司层面缺陷的公司受上市年限的影响更大。换言之,当公司上市年限越长时,其出现业务层面缺陷的可能性更大。此外业务层面缺陷的公司与机构投资者的持股比例 INSTITU 显著负相关,这意味着外部机构投资者的监督有助于业务层面缺陷的改正,但是对公司层面缺陷却没有监督效应。公司层面缺陷与上市地点 STKCD 显著负相关,如前所述,这一方面说明可能是证券市场监管对公司层面缺陷具有一定的影响效应,另一方面也可能源于我们所取数据的局限性。

公司层面缺陷与 2008 年度的报表重述 $RESTA_{08}$ 显著正相关,但业务层面缺陷虽然与 $RESTA_{08}$ 正相关,但并不显著,这说明报表重述能够预示内部控制公司层面缺陷的存在,财务报表重述可以作为内部控制缺陷存在的一个信号(Leone,2007;Hermanson 等,2009)。

2. 稳健性测试

前文主要采用了 Logistic 多元回归进行实证分析,内部控制缺陷主要以存在与不存在进行 0、1 赋值。在稳健性测试部分,以内部控制缺陷的数量来测度内部控制缺陷,进行普通 OLS 多元回归。检验结果如表 4 – 9 所示。

表4-9　普通OLS多元回归实证结果分析

		变量名称	变量符号	ICD	ICD-ENT	ICD-ACC
		截距		2.88071***	0.76547	2.11524***
公司复杂性		分支机构数目	SEGS	0.00265	0.00925	0.01190
		有形资产水平	INFIX	0.06970	0.42223	0.35253
公司的异常变动		重组	RESUR	-0.01535	-0.01614	0.00079082
		销售增长率	SAGROW	0.04165	-0.03376	0.07541**
内部控制资源的投入		市场价值	MARV	0.00580***	0.00354**	0.00226*
		财务风险	Z	-0.01009	0.00798	-0.01807
		亏损年度	LOSS	0.18794***	0.06163	0.12632***
		公司上市年限	FRIMAGE	0.02191**	0.00491	0.01700***
		公司规模	ASSET	-0.28835***	-0.09053*	-0.19783***
控制变量	治理结构	独立董事兼职	INDPP	0.06735	0.07270	-0.00535
		内部审计隶属部门	INAUDBE	-0.13130*	-0.08828	-0.04302
		董事长与总经理设置	BODEXE	-0.05641	0.01359	-0.07001
		机构投资者	INSTITU	-0.19756	0.00333	-0.2008
	外部监督	外部审计	ADFIRM	-0.05636	-0.04364*	-0.01272
	法律监管	上市地点	STKCD	-0.06822	-0.09956**	0.03134
	报表重述	2008年度报表重述	$RESTA_{08}$	0.44759***	0.41460***	0.03299
		R-Square		0.0806	0.0556	0.0709
		样本数量		1101	1101	1101

注:***、**、*分别表示在1%、5%和10%的水平上显著。

如表4-9所示,公司规模ASSET仍然与内部控制缺陷显著负相关,公司上市年限FRIMAGE、市场价值MARV、亏损年度LOSS与内部控制缺陷显著正相关。业务层面缺陷与销售增长率SAGROW仍然显著正相关。2008年度的报表重述仍然可以被视作2009年度内部控制缺陷存在的信号。但不同的是,在不区分缺陷类别回归时,内部审计隶属部门INAUDBE与缺陷的负相关通过了显著性检验,这意味着内部审计部门可以在一定程度上减少内部控制缺陷存在的数量。公司层面缺陷与外部审计质量的负相关也通过了显著性检验,这意味着外部审计虽然不能决定缺陷的存在与否,但是对缺陷的数量有一定的抑制性监督作用。

四、研究结论及局限

经过前面的实证研究,我们得出如下结论:

(1)公司越复杂,存在内部控制缺陷的可能性越大。从衡量公司复杂性的两个变量 SEGS 和 INFIX 来看,虽然没有通过显著性检验,但是三个模型中两个变量的系数都为正,这意味着公司越复杂,内部控制就越容易出现缺陷。

(2)公司近期的变化,如公司重组与销售的异常增长会增加内部控制缺陷的可能性。公司重组变量 RESUR 虽然未通过显著性检验,但是三个模型中系数都为正,使得我们的假设 4 - 3 得以弱支持。公司销售的异常增长与业务层面缺陷显著正相关,也支持了我们的假设。

(3)内部控制资源投入越多,内部控制存在缺陷的可能性越小,从而内部控制质量水平越高。无论是公司层面缺陷还是业务层面缺陷,抑或是不区分缺陷的类型,亏损年度 LOSS 都和缺陷的存在显著正相关,资产的规模均与缺陷的存在显著负相关。这是因为公司盈利状态和公司规模较大时,对于内部控制资源的投入就可能会越多,从而内部控制质量越好。在影响内部控制缺陷的三个因素中,内部控制资源的投入对内部控制缺陷的影响最为显著。

(4)除内部控制缺陷的共同影响因素外,公司层面缺陷与业务层面缺陷的影响因素存在不同的地方。公司层面的内部控制缺陷更多的与外部监管,如上市地点所反映的证券市场监管显著正相关,并且上一期的报表重述通常意味着公司层面内部控制存在问题。而存在业务层面缺陷的公司相对上市年限较长,销售增长过快。同时,机构投资者的存在对业务层面的缺陷有抑制作用,而对公司层面的缺陷抑制不明显。所以,对于公司层面的缺陷,可能更多地依靠证券市场的外部监督。

(5)在稳健性测试中,我们发现了内部审计对缺陷整体数量及外部审计对公司层面缺陷数量的显著抑制作用。这一方面说明内部审计与外部审计对内部控制有一定的监督作用,另一方面也说明它们只能减少内部控制缺陷的数量,却并非是内部控制缺陷存在与否的决定因素。

本章研究的意义在于以下两点:

（1）要想提高内部控制质量，必须加大对内部控制资源的投入。

（2）内部审计与外部审计虽然能够起到一定的监督作用，但是对于公司层面缺陷而言，证券市场的监管效果更加显著，所以需加强证券监管机构对公司内部控制的监管力度。

研究局限有以下两点：

（1）囿于数据取得工作量问题，本章实证检验选取了2009年度横截面数据，数据取得数量较少。今后的研究可以扩大样本规模，完成时间序列数据的检验。

（2）本章关于内部控制缺陷的认定存在一定局限性。但是，这是目前无法取得强制披露内部控制缺陷的最优选择；即使强制披露内部控制缺陷的数据，由于内部控制自身的复杂性、缺陷判断的主观与非量化性，也会导致缺陷披露的不可靠性。今后在取得内部控制缺陷强制披露数据后，可交叉验证其用于确定内部控制缺陷认定的可靠度。

第五章　内部控制对会计信息质量的影响效应

普遍认为,会计信息质量包括相关和可靠性两个特征。可靠性应该是会计信息质量最根本的特征。试想,虚假的会计信息又何谈相关呢?大股东侵占中小股东的利益后,往往通过盈余管理,向投资者传递虚假的会计信息,隐瞒自己的侵占行为。这不仅损害了投资者利益,误导了投资者,也不利于资本市场的良性运转。

以往研究认为,内部控制有助于提高会计信息质量水平,抑制公司的盈余管理行为。亦有研究发现,当公司盈余管理程度越高时,审计师出具非标准意见的可能性也越大(刘继红,2009)。内部控制与外部审计对公司的盈余管理都有抑制作用,但是作用机制不同。内部控制对于盈余管理的抑制作用产生于对会计信息生产过程的监督,而外部审计因为其事后的监督作用,通常可以被公司管理层在事前视作可以置信的威胁。内部控制与外部审计之间是什么关系呢? 当内部控制质量较差时,外部审计是否可以替代内部控制的作用,最终使盈余管理得以抑制呢? Jensen 等(2003)认为,内部控制与外部审计之间存在替代关系:当公司没有雇用内部审计人员或雇用的会计专家水平较低时,他们会选择雇用水平较高的会计师事务所。

如果外部审计可以被视作内部控制的替代机制,足以抵消内部控制缺陷对会计信息质量的消极影响,则不必要研究内部控制对投资者保护的间接路径，即"内部控制—会计信息—投资者保护"，因为此时，无论内部控制质量水平是高还是低，都不会对会计信息质量有太多影响。

本章首先采用多元回归法研究内部控制缺陷与会计信息质量之间的关系（采用应计项目质量作为代理变量），同时区分公司层面和业务层面两个层次进行研究。然后，采用路径分析法研究外部审计对内部控制的替代效应。这样我们就可以分析内部控制对会计质量的直接影响效应，以及内部控制通过外部审计对会计信息质量的间接影响效应。

本章的贡献在于：

（1）如果存在内部控制缺陷的公司，盈余管理的可能性相对较大。这说明了我们缺陷的认定标准是可靠的，也同时说明了证监会、上交所和深交所监管的可靠性。

（2）本章将外部审计纳入内部控制对会计信息质量的影响框架，检验内部控制、外部审计和会计信息质量之间的路径影响效应。内部控制缺陷对会计信息质量的直接影响效应反映了内部控制缺陷对会计信息质量最本质的损害，而间接影响效应则反映了外部审计对内部控制缺陷的替代效应。

（3）本章将内部控制缺陷分为公司层面缺陷和业务层面缺陷，分别检验了它们对会计信息质量的影响效应。

（4）本章与第六章共同构成了内部控制间接路径的实证基础。内部控制对投资者保护间接路径的实现是基于"内部控制—会计信息—投资保护"之间的逻辑关系构建的。本章对内部控制与会计信息质量之间的逻辑关系进行实证检验。第六章实证检验了会计信息质量与投资者保护的逻辑关系。

第一节 文献回顾

内部控制对会计信息质量的影响已为诸多研究所证实，外部审计对于内部控制的替代作用也被广泛认可。

一、内部控制对会计信息质量的影响

内部控制是对财务报告质量的合理保证（Doyle 等，2007；Ashbaugh-Skaife 等，2008）。所以，内部控制缺陷的存在会影响财务报告质量，缺陷的更正会改善财务报告的质量（Ashbaugh-Skaife 等，2008）。同时，内部控制缺陷的迅速改进向市场传递了公司在致力于完善报表的信号（Goh，2009）。所以，Doyle 等（2007）将应计项目质量较低的主要原因归结于内部控制问题的存在，并且认为内部控制确实是影响会计信息质量的最根本要素。

内部控制对会计信息质量的影响具体表现在以下几个方面：

（1）内部控制会作用于法律法规对会计质量的影响过程。例如，良好的内部控制环境能使企业更为准确地理解会计准则等相关法规。Goh 等（2011）认为，当公司拥有良好的内部控制环境时，公司更容易理解会计谨慎性原则在降低代理冲突中的作用，所以公司会更加倾向于选择这一会计原则。因为稳健性会计政策能帮助董事会降低由于信息不对称而引致的代理成本，所以外部董事比例较高的董事会更加偏好稳健性会计政策（Ahmed 等，2007）。

（2）内部控制的运行有效性会直接影响会计核算的基础。内部控制既可以抑制操纵性盈余管理行为，也可以减少非故意差错的发生。内部控制可以降低公司进行盈余管理的可能性。盈余管理一般是公司层面的行为，公司层面的内部控制，包括高层基调、风险评估、良好的信息沟通等，可以有效地降低这种行为发生的可能性。内部控制还可以减少非故意性差错的产生。良好运行的内部控制，财务人员及其他员工相对素质较高，工作也更加勤勉努力，从而可以避免一些非故意性差错的产生，提高会计信息质量。最后，内部控制使得公司内部权责更加清楚，使得贪污资产、挪用现金的行为得以抑制。

（3）良好的内部控制可以降低代理成本，抑制盈余操纵的动机，提高盈余质量。内部控制的质量和应计项目的质量正相关（Doyle 等，2007；Ashbaugh-Skaife 等，2008）。Dhaliwal 等（2010）认为，审计委员会同时存在会计和财务专家时,应计项目质量相对较高。董事会的独立性能显著降低公司盈余管理的程度(Klein,2002)。

（4）内部控制质量水平可以影响市场对会计信息的反应。例如,Carcello(2011)发现当审计委员会是完全独立时,市场对于报表重述的不利反应会有所降低。Asare 等(2011)认为,投资者对财务报表审计报告的信心会受到内部控制评价报告意见的影响。即使财务报表的审计意见是无保留审计意见,但是如果内部控制审计意见是非无保留的,这也会严重损害报告使用者的信心。所以,对于财务报表使用者而言,内部控制评价报告的信息是有信息含量的。报表使用者既可以用其评价财务报表存在潜在错报的可能,也可以用来评价审计人员对重大缺陷进行审计的能力。

内部控制还会影响会计信息使用人的决策。例如,Kim 等(2009)发现财务分析师更少去跟随内部控制较差的公司,而且相比于内部控制较好的公司,内部控制较差的公司财务分析师的分析差错及分析师之间的分歧程度均更大。内部控制的有效性会改善公司的信息环境,从而影响报表使用人的决策。

二、外部审计对内部控制的替代效应

Griffin 等(2008)认为,公司可以用外部审计的努力替代薄弱的内部控制以达到足够的应计质量水平。但是现有研究在研究内部控制缺陷与应计项目质量关系时,忽略了外部审计监督的替代效应(Raghunanda 和 Rama 2006;Doyle 等,2007;Ashbaugh-Skaife 等,2008)。外部审计对内部控制的替代作用可以从以下两个方面找到证据。

（1）存在内部控制缺陷的公司,审计费用相对较高。相对于外部人员,审计人员可以直接观测到内部控制的风险,并且据以制定自己的审计策略与方案。当内部控制存在缺陷时,审计风险就会较大,审计人员就需要通过更多的实质性测试审计程序以使审计风险降低到可以接受的水平。因而,审计人员必然会因为自己更多的努力索取更多审计费用来进行补偿。所以,审计费用的增加被认为是审计人员增加工作努力的代理变量。诸多的实证研究证实了这一点。存在内部控制缺陷的公司，审计收费相对较高，而且缺陷越严重，收费越高（Raghunandan 等，2006；Bedard，2008；Hoitash 等，2008）。Hogan 和 Wilkins（2008）经过研究发现，有内部控制缺陷的公司，在其缺陷披露的前一年的审计费用就较没有内控缺陷的公司高，而且审计费用随问题严重程度的增加而有所增加。Hoitash 等（2008）和 Bedard（2008）均认为对内部控制缺陷的修正并不会马上导致审计费用的下降，这意味着审计人员需要更多时间重塑对公司内部控制的信心，最终降低审计收费。

（2）外部审计的存在，降低了内部控制缺陷对应计项目质量的消极影响效应。Doyle 等（2007）区分了内部控制缺陷的严重程度以及 SOX 法案 302 条实施期间及 SOX 法案 404 条①实施期间，进行了比较研究。发现无论是在 302 条下还是在 404 条下，公司层面的内部控制缺陷与应计项目质量的关系都很显著，而业务层面的缺陷与应计项目质量的关系都不显著。这可能是因为业务层面的内部控制缺陷是可审计的（Doss 和 Jonas，2004），审计人员的实质性测试程序替代了业务层面的内部控制，从而可以部分的降低内部控制缺陷对盈余质量的消极影响（Doyle 等，2007；Hogan 等，2008）。

第二节　研究框架与研究假设

Jensen 等（2003）认为，公司的控制系统包括外部控制系统与内部控制系统。会计师事务所审计是外部控制系统中最重要的机制之一。尽管内部控制的起源远远早于会计师事务所审计，但是对内部控制的关注，却最早源于会计师事务所审计。审计人员利用内部控制来制定自己的审计策略。所以，内部控制与审计人员付出的工作努力程度密切相

---

① SOX 法案 302 条在 2002 年 8 月 29 日对所有在 SEC 登记的公司生效。SOX 法案 404 条对快速申报的公司（股票市值不低于 7500 万美元）在 2004 年 11 月 15 日生效；对于非快速申报的公司，管理层在 2007 年 12 月 15 日之后必须披露内部控制报告。

关。会计师事务所审计最核心和最重要的业务是财务报表审计业务,外部审计对于财务报表的合法性与公允性起着不可替代的鉴证作用,进而会影响会计信息的质量。所以,如图5-1所示,本章将外部审计引入内部控制对会计信息质量的影响框架,并且认为外部审计对于内部控制而言是一种替代机制,可以减弱内部控制缺陷对会计信息质量的消极影响。

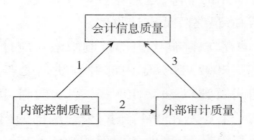

图 5-1　内部控制与会计信息质量研究框架

Doyle 等(2007)认为,会计信息质量水平较低源于两个原因:①公司通过盈余管理故意操纵应计项目质量。②会计估计中可能会存在一些无意的差错。一方面,内部控制可以从根本上降低代理成本及由之引致的信息不对称,抑制公司盈余管理的动机;另一方面,内部控制内部的授权审批、不相容职务分离可以有效降低非故意错误发生的可能性,从而为会计提供更可靠的信息,提高会计信息的质量。已有的实证研究也证实了内部控制缺陷的存在,会降低会计信息质量水平(Doyle、Ge 和 McVay,2007;Ashbaugh-Skaife、Collins、Kinney 和 LaFond,2008)。应计项目质量被用以测度公司的盈余管理水平和会计信息质量水平。由此,我们可以得出假设5-1:

假设5-1:内部控制存在的缺陷越多,应计项目质量水平越低。

上市公司的盈余管理行为越严重,越有可能被出具非标准无保留意见(章永奎和刘峰,2002;杨德明和胡婷,2010)。所以,外部审计的存在会在事前对上市公司形成可以置信的威胁,这也是实证研究中会发现审计人员努力程度(以审计费用度量)与应计项目质量正相关的重要原因。当内部控制存在缺陷时,审计人员观测到内部控制风险,就会付出更多的努力降低自己整体的风险水平,从而会索要更多的补偿。现有研究也证实了内部控制缺陷与审计费用之间的正相关(Raghunandan 等,2006;Bedard 等,2008;Hoitash 等,2008)。由此,我们可以得出假设 5 - 2:

假设 5 - 2:内部控制存在的缺陷越多,审计人员付出的努力就越多,因而审计费用也会越高。

外部审计的存在,可以减弱内部控制缺陷对会计信息质量的影响,增加会计信息的可靠性。这也就是为什么上市公司年度财务报告需要强制进行审计的重要原因。无论是准则的制定者(Public Company Accounting Oversight Board,2007)还是以往的文献(Prawitt 等,2009)都认为外部审计监督是存在于内部控制对财务报告影响路径中的替代机制。所以,如果外部审计的质量水平足够高,则内部控制缺陷对应计项目质量的消极影响效应就会被完全替代。在这种情形下,内部控制本身的健全、有效与否就不再那么重要了。由此,我们可以得出假设 5 - 3:

假设 5 - 3:审计费用越多,公司的会计信息质量水平就会越高。

假设 5 - 2 和假设 5 - 3 构成了外部审计对内部控制替代机制的检验。

第三节 内部控制对会计信息质量的直接效应检验

在对已有研究进行回顾的基础上,本章将利用 2009 年度上市公司数据对内部控制与会计信息质量的直接影响效应进行检验。

一、数据来源

本部分数据取自公司年报与 CSMAR 数据库、WIND 数据库。截至 2009 年 12 月 31 日沪市和深市上市 A 股公司共计 1725 家,本部分剔除了金融业公司 32 家,中小板上市公司 327 家,无法取得连续三年销售增长及内部审计机构设置等数据不全公司 104 家,最后得到样本公司 1262

家。本章处理数据所用软件为 SAS8.2。

二、研究设计

用以验证假设 5 - 1,研究内部控制缺陷与操纵性应计利润的数学模型如模型(5 - 1)和模型(5 - 2)所示。

$$EM = a_0 + a_1 ICD + a_2 SEGS + a_3 ASSET + a_4 CFVO + a_5 SALEVO +$$

$$a_6 FRIMAGE + a_7 LOSS + \sum_{j=8}^{19} a_j IND_i + e_1 \qquad (5-1)$$

$$EM = a_0 + a_1 ICD\text{-}ENT + a_2 ICD\text{-}ACC + a_3 SEGS + a_4 ASSET + a_5 CFVO +$$

$$a_6 SALEVO + a_7 FRIMAGE + a_8 LOSS + \sum_{j=9}^{20} a_j IND_i + e_1 \qquad (5-2)$$

变量定义如表 5 - 1 所示。

表 5 - 1　　内部控制缺陷影响因素变量定义及说明

变量名称	变量符号	变量定义
操纵性应计利润	EM	操纵性应计利润的绝对值
审计费用	AUFEE	2009 年度审计费用的自然对数
内部控制缺陷	ICD	认定公司存在内部控制缺陷数量
公司层面内部控制缺陷	ICD – ENT	认定公司存在公司层面内部控制缺陷数量
业务层面内部控制缺陷	ICD – ACC	认定公司存在业务层面内部控制缺陷数量
内部控制缺陷与审计费用交叉变量	ICDAUD	公司内部控制缺陷虚拟变量与审计费用交叉项
公司层面缺陷与审计费用交叉变量	ENTAUD	公司层面内部控制缺陷虚拟变量与审计费用交叉项
业务层面缺陷与审计费用交叉变量	ACCAUD	业务层面内部控制缺陷虚拟变量与审计费用交叉项
分支机构数目	SEGS	公司在 2009 年所拥有的子公司数目,取平方根
资产	ASSET	2009 年 12 月 31 日资产总额的自然对数
现金流量的变动	CFVO	2006~2008 年经平均资产调整后经营活动现金流量的标准差
营业收入的变动	SALEVO	2006~2008 年经平均资产调整后营业收入的标准差
公司上市年限	FRIMAGE	截至 2009 年 12 月 31 日公司上市的年限

续表

变量名称	变量符号	变量定义
亏损年度	LOSS	如果 2008 年度和 2009 年度平均营业利润为负,则赋值为 1,否则为 0
应收账款与存货占总资产比率	INVEREC	2009 年 12 月 31 日(应收账款＋存货)÷资产总额
账面价值与市值比	BOOKMAR	2009 年 12 月 31 日资产的账面价值÷(所有者权益市值＋负债账面价值)
资产负债率	LEVAGE	上市公司长期负债总额与资产总额之比
总资产收益率	ROA	净利润÷总资产
会计师事务所	AUDTOR	国际四大会计师事务所赋值为 2,国内十大会计师事务所赋值为 1,其余赋值为 0

　　本书采用应计利润分离法以测试盈余管理,把应计总额分解为操纵性应计利润和非操纵性应计利润,并假定非操纵性应计利润随经济环境的变化而变化。分行业估计并且采用线下项目前总应计利润作为因变量估计特征参数的基本 Jones 模型最能有效揭示出盈余管理(夏立军,2003),考虑到模型的普通适用性,我们采用基本的 Jones 模型来测度上市公司的盈余管理程度。采用截面 Jones 模型,分行业估计应计质量,回归模型如下:

$$TCA_{j,t} = a_1 + a_2 \Delta REV_{j,t} + a_3 PPE_{j,t} + \varepsilon_{j,t}$$

　　其中,$TCA_{j,t}$ 为公司的总应计利润,$TCA_{j,t}$ ＝净利润($NI_{j,t}$)－经营活动的净现金流量($CFO_{j,t}$),$\Delta REV_{j,t}$ 为公司 j 在第 t － 1 与第 t 年之间的收入变化量,$PPE_{j,t}$ 为公司 j 第 t 年的固定资产净值,$\varepsilon_{j,t}$ 为残差。上述模型的所有变量都除以年初总资产进行平减。通过对上述模型分年度分行业回归,然后以其残差作为可操纵性应计利润的衡量,便得到可操纵性应计利润,对其取绝对值,即为操作性应计利润:EM。

　　公司经营活动越复杂,诸如转移定价、内部销售之间的抵消等就容易出现问题,导致应计项目出现偏差,所以我们用公司拥有的子公司的数目作为控制变量。公司经营性活动的变化会对应计项目的估计产生系统性的影响(Dechow 和 Dichev,2002),所以本书将现金流量的变动情况、营业收入的变动情况作为控制变量包含在数学模型中。此外,借鉴 Lu 等(2011)的做法,我们还将公司的资产、公司的亏损年度和上市年限等作为控制变量。

将内部控制缺陷与审计费用的交叉变量纳入模型,以初步检验审计质量对内部控制缺陷的替代效应,如模型(5-3)和模型(5-4)所示。

$$EM = a_0 + a_1 ICD + a_2 SEGS + a_3 ASSET + a_4 CFVO + a_5 SALEVO +$$

$$a_6 FRIMAGE + a_7 LOSS + a_8 ICDAUD + \sum_{j=9}^{20} a_j IND_i + e_1 \quad (5-3)$$

$$EM = a_0 + a_1 ICD\text{-}ENT + a_2 ICD\text{-}ACC + a_3 SEGS + a_4 ASSET + a_5 CFVO +$$

$$a_6 SALEVO + a_7 FRIMAGE + a_8 LOSS + a_9 ENTAUD + a_{10} ACCAUD +$$

$$\sum_{j=11}^{22} a_j IND_i + e_1 \quad (5-4)$$

三、描述性统计

1. 相关系数

如表 5-2 所示,盈余质量与内部控制缺陷显著正相关,这是与假设 5-1 相一致的,此外,盈余质量还与现金流量变动以及上市年限显著正相关,与公司规模显著负相关。公司内部控制缺陷与分支机构、资产规模显著负相关,与上市年限显著正相关,这与第四章的结论是一致的。

表 5-2 相关系数

	EM	ICD-ACC	SEGS	ASSET	CFVO	SALEVO	FRIMAGE
EM	1	0.069234**	-0.01512	-0.07274***	0.032959	0.011945	0.080553***
ICD-ACC	0.10382***	1	-0.06975**	-0.20895***	0.022871	-0.08033	0.117059***
SEGS	-0.0594**	-0.03984	1	0.431653***	-0.05549**	0.035803	0.091654***
ASSET	-0.12442***	-0.2132***	0.41796***	1	-0.14677***	0.100522***	-0.12634***
CFVO	0.210941***	0.079913**	-0.04903*	-0.08131***	1	0.107505***	0.022968
SALEVO	0.017911	-0.10352***	0.041134	0.126422***	0.284457***	1	-0.04632*
FRIMAGE	0.116044***	0.122664***	0.081953***	-0.08999***	0.065801**	-0.04894*	1

注:***、**、*分别表示在1%、5%和10%的水平上显著。对角线右上角为 Pearson 相关系数,对角线左下角为 Spearnman 相关系数。

2. 参数与非参数检验

为了更好地研究内部控制缺陷的影响因素,本书按照是否存在内部控制缺陷将总体样本分为两组。参数及非参数检验结果报告在表 5 – 3 中。

表 5 – 3 基于内部控制缺陷的参数及非参数检验

		ICD(内部控制缺陷)		差值
		0(不存在)	1(存在)	
EM	均值[a]	0.108954	0.142176	– 0.03322 [**c]
	中位数[b]	0.051582	0.067602	– 0.01602 [***]

注:a. 均值比较用单侧 t 检验;b. 中位数的比较用 Kruskal – Wallis 检验;c. *** 、** 、* 分别表示在 1% 、5% 和 10% 的水平上显著。

从表 5 – 3 中可以看出,当内部控制存在缺陷时,EM 的均值和中位数都显著大于不存在内部控制缺陷的公司,这意味着公司存在内部控制缺陷时,操纵性应计项目数值越大,从而会计信息质量水平越低,这与我们的假设 5 – 1 是一致的。

四、实证检验

实证检验结果如表 5 – 4 所示。从表 5 – 4 中可以看出,当不区分内部控制公司层面缺陷与业务层面缺陷时,内部控制缺陷与操纵性应计项目 EM 显著正相关,即内部控制质量水平越低,会计信息质量水平就越低。当内部控制缺陷被进一步区分为公司层面缺陷与业务层面缺陷后,内部控制业务层面缺陷与公司层面缺陷均与操纵性应计项目 EM 显著正相关,但公司层面缺陷通过了显著性检验。

表 5 – 4　内部控制缺陷与会计信息质量实证检验结果分析

变量名称	变量符号	EM			
截距	a_0	0.43927 ***	0.44004 ***	0.44291 ***	0.43276 ***
内部控制缺陷	ICD	0.02093 **		0.02916 **	
公司层面内部控制缺陷	ICD – ENT		0.02151 *		0.02129
业务层面内部控制缺陷	ICD – ACC		0.02011		0.05552 *
内部控制缺陷与审计费用交叉变量	ICDAUD			– 0.00395	
公司层面缺陷与审计费用交叉变量	ENTAUD				– 0.00057177
业务层面缺陷与审计费用交叉变量	ACCAUD				– 0.00962
分支机构数目	SEGS	– 0.01332	– 0.01327	– 0.00767	– 0.00856
资产	ASSET	– 0.01321 *	– 0.01326 *	– 0.01274	– 0.01215
现金流量的变动	CFVO	– 0.0405	– 0.04065	– 0.03855	– 0.03907
营业收入的变动	SALEVO	0.05321	0.05318	0.04374	0.04360
公司上市年限	FRIMAGE	0.00022216	0.00023190	0.00022004	0.00019435
亏损年度	LOSS	0.02007	0.02016	0.02207	0.02104
Adj R – Sq		0.1345	0.1338	0.1197	0.1188
样本数量		1262	1262	1262	1262

注：*** 、** 、* 分别表示在 1% 、5% 和 10% 的水平上显著。

当在数学模型中加入内部控制缺陷虚拟变量与审计费用的交叉项后，在不区分内部控制缺陷类别时，内部控制缺陷仍然与操纵性应计项目正相关，且在 5% 的水平通过显著性检验，但交叉项 ICDAUD 系数为负，这意味着审计质量水平在一定程度上降低了内部控制缺陷对会计信息质量的不利影响效应。但是 ICDAUD 的系数并未通过显著性检验，这意味着审计对内部控制质量的替代效应较弱。将内部控制缺陷进一步区分为公司层面缺陷与业务层面缺陷后，结果是类似的。公司层面内部控制缺陷与业务层面内部控制缺陷的系数仍然为正,意味着其与操纵性应计项目 EM 正相关,但是交叉项 ENTAUD 与 ACCAUD 的系数为负,表示审计对于内部控制存在一定的替代效应,但并不显著。同时应该注意的是,ENTAUD 与 ACCAUD 的系数都相对较小,而且 ENTAUD 的系数尤其小,只有 - 0. 00057177,几乎接近 0,可见外部审计对于内部控制缺陷的替代效应是相对较小的。

第四节　　内部控制对会计信息质量的综合效应检验

在分析内部控制对会计信息质量直接效应的基础上,将外部审计纳入内部控制对会计信息质量的影响框架,利用结构方程模型对内部控制与会计信息质量的综合效应进行检验。

一、研究设计

如图 5 - 2 所示,采用路径分析法分析内部控制缺陷对应计项目质量的直接路径系数,以及外部审计在其中的替代影响效应。与通常结构方程模型研究潜变量之间路径系数不同,本书借鉴 Lu 等(2011)的做法,认为结构方程模型本质上是线性回归方程的归纳,所以研究的是显变量之间的路径系数。

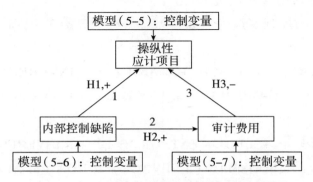

图 5 - 2　内部控制对会计信息质量的路径分析模型

1. 内部控制缺陷的控制变量模型

关于内部控制缺陷的影响因素在第四章已经论述,建立的模型如模型(5 – 5)、模型(5 – 6)和模型(5 – 7)所示。

$$ICD = a_1 \, SEGS + a_2 \, INFIX + a_3 RESUR + a_4 SAGROW + a_5 MARV + a_6 Z +$$
$$a_7 LOSS + a_8 \, FRIMAGE + a_9 \, ASSET + a_{10} INDPP + a_{11} \, INAUDBE +$$
$$a_{12} \, BODEXE + a_{13} \, INSTITU + a_{14} \, STKCD + a_{15} \, RESTA_{08} + e_1$$

$$(5 – 5)$$

$$ICD – ENT = a_1 \, SEGS + a_2 \, INFIX + a_3 RESUR + a_4 SAGROW + a_5 MARV +$$
$$a_6 Z + a_7 LOSS + a_8 \, FRIMAGE + a_9 \, ASSET + a_{10} \, INDPP +$$
$$a_{11} \, INAUDBE + a_{12} \, BODEXE + a_{13} \, INSTITU + a_{14} \, STKCD +$$
$$a_{15} \, RESTA_{08} + e_1 \qquad (5 – 6)$$

$$ICD – ACC = a_1 \, SEGS + a_2 \, INFIX + a_3 RESUR + a_4 SAGROW + a_5 MARV +$$
$$a_6 Z + a_7 LOSS + a_8 FRIMAGE + a_9 \, ASSET + a_{10} \, INDPP +$$
$$a_{11} \, INAUDBE + a_{12} \, BODEXE + a_{13} \, INSTITU + a_{14} \, STKCD +$$
$$a_{15} \, RESTA_{08} + e_1 \qquad (5 – 7)$$

内部控制的影响因素,借鉴了 Doyle 等(2007)、Ashbaugh-Skaife 等(2007)和 Lu 等(2011)的做法。但是,与 Ashbaugh-Skaife 等和 Lu 等不同的是,本书内部控制缺陷并非直接来源于上市公司的披露,所以二者模型中关于披露动机的因素不包括在模型中。关于变量的定义如表4 – 5 所示。

2. 审计费用的控制变量模型

审计费用的控制变量模型如模型(5 – 8)、模型(5 – 9)和模型(5 – 10)所示。

$$AUDFEE = a_0 + a_1 \, ICD + a_2 ASSET + a_3 INVEREC + a_4 SEGS +$$
$$a_5 BOOKMAR + a_6 \, LEVAGE + a_7 \, ROA + a_8 \, AUDTOR + e_1$$

$$(5 – 8)$$

$$AUDFEE = a_0 + a_1 ICD – ENT + a_2 ASSET + a_3 INVEREC + a_4 SEGS +$$
$$a_5 BOOKMAR + a_6 LEVAGE + a_7 \, ROA + a_8 \, AUDTOR + e_1$$

$$(5 – 9)$$

$$AUDFEE = a_0 + a_1 ICD - ACC + a_2 ASSET + a_3 INVEREC + a_4 SEGS +$$
$$a_5 BOOKMAR + a_6 LEVAGE + a_7 ROA + a_8 AUDTOR + e_1$$

$$(5 - 10)$$

模型(5 – 8)、模型(5 – 9)和模型(5 – 10)中变量定义如表 5 – 1 所示。其中,内部控制缺陷对审计费用的影响已为实证研究所证实(Raghunandan 等,2006;Bedard 等,2008;Hoitash 等,2008)。公司资产规模越大,经营越复杂(以所拥有的子公司数目作为代理变量),审计费用就会越高。当公司的固有风险与经营风险越高时,审计人员也会索要更高的风险补偿。其中,固有风险用 INVEREC(应收账款与存货占总资产比率)、LEVAGE(资产负债率)和 BOOKMAR(账面价值与市值比)三个变量度量;经营风险用 ROA(总资产收益率)来测度。同时,会计师事务所声望度越高,就会索要更高的费用,用 AUDTOR 表示。如果是国际的四大会计师事务所,则 AUDTOR 赋值为 2,如果是国内的十大会计师事务所,则赋值为 1,其余赋值为 0。

3. 应计项目的控制变量模型

关于应计项目的控制变量模型如模型(5 – 11)、模型(5 – 12)和模型(5 – 13)所示:

$$EM = a_0 + a_1 ICD + a_2 AUDFEE + a_3 CFVO + a_4 SALEVO + e_1 \quad (5 - 11)$$
$$EM = a_0 + a_1 ICD - ENT + a_2 AUDFEE + a_3 CFVO + a_4 SALEVO + e_1$$

$$(5 - 12)$$

$$EM = a_0 + a_1 ICD - ACC + a_2 AUDFEE + a_3 CFVO + a_4 SALEVO + e_1$$

$$(5 - 13)$$

因为审计费用和内部控制缺陷已经将类似于公司规模、分支机构数量包含在模型中,所以上述会计信息质量的数学模型中,我们只包括了经营活动现金流量的变动性及销售收入的变动性两类因素,具体变量定义如表 5 – 1 所示。

二、路径系数分析

1. 样本选择

本部分数据取自公司年报与 CSMAR 数据库、WIND 数据库。截至 2009 年 12 月 31 日,沪市和深市上市 A 股公司共计 1725 家,本部分剔除了金融业公司 32 家,中小板上市公司 327 家,无法取得相关数据公司 318 家,最后得到样本公司 1048 家。路径系数分析所用软件为 AMOS 17.0。

2. 内部控制全部缺陷的路径系数

不区分内部控制缺陷类型,以模型(5-5)、模型(5-8)和模型(5-11)分别作为内部控制缺陷、审计费用、操纵性应计项目的控制变量模型,得出内部控制缺陷对会计信息质量的路径影响系数如图 5-3 所示,模型拟合度指标如表 5-5 所示。

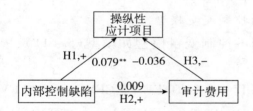

图 5-3 内部控制全部缺陷路径影响系数

表 5-5 内部控制全部缺陷模型拟合度评价指标

Goodness of Fit Index	GFI	0.739	越大越好
Bentler's Comparative Fit Index	AGFI	0.692	越大越好
RMSEA Estimate	RMSEA	0.123	<0.1,越小越好

如图 5-3 所示,内部控制缺陷对操纵性应计项目的路径影响系数为 0.079,并在 5% 的水平通过显著性检验,这意味着假设 5-1 得以支

持,内部控制缺陷的存在,会导致会计信息质量水平的降低。内部控制缺陷与审计费用的路径系数为0.009,但并不显著,假设5 – 2得以弱支持,内部控制缺陷与审计费用呈正相关。审计费用与操纵性应计项目的路径系数为负,假设5 – 3得以弱支持,审计费用与操纵性应计项目负相关,但并不显著。所以,从显著性来看,内部控制通过审计费用影响操纵性应计项目的替代效应并不显著。即使不考虑系数的显著性,单纯从路径系数的数值来看,内部控制缺陷对操纵性应计项目的直接路径系数数值为0.079,也远大于间接路径系数 – 0.000324(– 0.036 × 0.009)。所以,从内部控制全部缺陷来看,审计有一定的替代效应,但替代效应不明显。

3. 内部控制公司层面缺陷的路径系数

以模型(5 – 6)、模型(5 – 9)和模型(5 – 12)分别作为公司层面内部控制缺陷、审计费用、操纵性应计项目的控制变量模型,得出公司层面内部控制缺陷对会计信息质量的路径影响系数如图5 – 4所示,模型拟合度指标如表5 – 6所示。

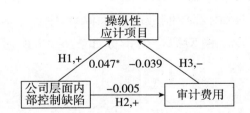

图5 – 4 公司层面内部控制缺陷路径影响系数

表5 – 6 公司层面内部控制缺陷模型拟合度评价指标

Goodness of Fit Index	GFI	0.741	越大越好
Bentler's Comparative Fit Index	AGFI	0.693	越大越好
RMSEA Estimate	RMSEA	0.123	<0.1,越小越好

如图5 – 4所示,公司层面内部控制缺陷对操纵性应计项目的路径

影响系数为0.047,并在5%的水平通过显著性检验,这意味着假设5-1得以支持,公司层面内部控制缺陷的存在会导致会计信息质量水平的降低。审计费用与操纵性应计项目的路径系数为负,假设5-3得以弱支持,审计费用与操纵性应计项目负相关,但并不显著。但是,意外的是,公司层面内部控制缺陷与审计费用的路径系数为-0.005,与假设5-2并不一致。这一方面可能是因为审计公司层面内部控制缺陷是有困难的,从而削弱了内部控制缺陷与审计费用的相关关系。另一方面也可能是因为外部审计是由公司聘用的,当公司层面内部控制存在缺陷时,公司会倾向选择质量水平不高的会计师事务所,从而导致了内部控制公司层面缺陷与审计费用之间的弱负相关,假设5-2并未得以支持。当公司层面内部控制存在缺陷时,公司和外部审计反而有可能存在一定的合谋效应。所以,当存在公司层面控制缺陷时,外部审计并不存在与内部控制缺陷的替代效应,反而存在一定的合谋效应。

4. 内部控制业务层面缺陷的路径系数

不区分内部控制缺陷类型,以模型(5-7)、模型(5-10)和模型(5-13)分别作为内部控制业务层面缺陷、审计费用、操纵性应计项目的控制变量模型,得出内部控制业务层面缺陷对会计信息质量的路径影响系数如图5-5所示,模型拟合度指标如表5-7所示。

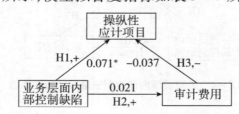

图5-5 业务层面内部控制缺陷路径影响系数

表5-7 内部控制业务层面缺陷模型拟合度评价指标

Goodness of Fit Index	GFI	0.738	越大越好
Bentler's Comparative Fit Index	AGFI	0.690	越大越好
RMSEA Estimate	RMSEA	0.124	<0.1,越小越好

如图 5 - 5 所示,内部控制业务层面缺陷对操纵性应计项目的路径影响系数为0.071,并在 5% 的水平通过显著性检验,这意味着假设 5 - 1 得以支持,内部控制业务层面缺陷的存在,会导致会计信息质量水平的降低。内部控制业务层面缺陷与审计费用的路径系数为 0.021,但并不显著,假设 5 - 2 得以弱支持,内部控制业务层面缺陷与审计费用正相关。审计费用与操纵性应计项目系数为负,假设 5 - 3 得以弱支持,审计费用与操纵性应计项目负相关,但并不显著。所以,从显著性来看,内部控制通过审计费用影响操纵性应计项目的替代效应并不显著。即使不考虑系数的显著性,单纯从路径系数的数值来看,内部控制业务层面缺陷对操纵性应计项目的直接路径系数数值为 0.071,也远大于间接路径系数,其数值为 - 0.000777(- 0.021 × 0.037)。所以,从业务层面内部控制缺陷来看,审计有一定的替代效应,但替代效应不明显。

第五节 研究结论

通过对上述内部控制缺陷、审计质量与会计信息质量之间的路径关系分析,可以得出如下四点结论:

(1)公司内部控制缺陷与操纵性应计项目存在显著的正相关。这意味着公司内部控制与会计信息质量存在正相关,这也是对本章多元回归结果的佐证。相比于公司层面内部控制质量水平,业务层面控制质量水平与会计信息质量的相关性略强一些。这可能是因为当公司存在公司层面缺陷时,就意味着公司高层基调、董事会等可能存在缺陷,从而使得公司操纵会计信息的动机增加,使得会计信息质量反映真实行为的困难性增加。由于我们所采取会计信息质量代理变量的局限性,可能未能完全捕捉到管理层操纵会计信息的行为。

(2)外部审计与业务层面内部控制缺陷存在替代效应,即外部审计在一定程度上减弱内部控制缺陷对会计信息质量的负面反应。但是,外部审计的替代效应比较弱,基本上可以忽略不计。可见,尽管会计师事务所在进行审计时以内部控制制度的测试与评价为基础,但其在减弱内部控制对盈余质量影响的作用方面有限。

（3）当公司层面存在内部控制缺陷时,我们却观测到了由内部控制缺陷至审计费用负的路径系数,其原因可能有两个：一是有可能是因为存在公司层面内部控制缺陷的公司,其被发现的可能性相对较小,因而审计人员并没有索要与风险相对称的报酬。但是基于我国资本市场审计收费现状及会计师事务所与上市公司相比而言相对弱势的地位,这种可能性相对较小。二是当公司层面存在缺陷时,公司会有倾向地选择质量相对较低的会计师事务所,而外部审计在公司的压力下,呈现出与公司的合谋效应。由于公司对于会计师事务所的聘用有决定权,而目前资本市场上会计师事务所竞争激烈,所以合谋效应更能解释公司层面内部控制缺陷与外部审计之间负的路径系数。

（4）正是因为外部审计对内部控制缺陷的替代效应较弱,进一步研究内部控制的投资者保护路径,尤其是"内部控制—会计信息—投资者保护"的间接路径才是有意义的。因为如果外部审计可以完全替代内部控制缺陷,则内部控制水平如何都不重要,此时,所有内部控制缺陷对会计信息的消极影响效应都会被外部审计化解。恰恰是外部审计替代效应的不显著性,才使得内部控制对投资者保护的路径研究更加重要。

第六章 投资者保护效应比较：
内部控制与会计信息质量

本书第二章构建了内部控制对投资者保护的直接路径与间接路径，为本章的研究提供了路径理论基础。第三章构建了投资者保护目标的评价体系，为本章提供了用以验证投资者保护水平的指标体系。第四章确定了内部控制缺陷识别与认定的标准，为本章评价内部控制质量水平提供了重要依据。本章则从内部控制与会计信息质量对投资者保护的角度提供了投资者保护的实证研究证据。

本章直接检验了"内部控制—投资者保护"的直接路径效应，同时，本章与第五章联合起来，共同验证了"内部控制—会计信息—投资者保护"的间接路径影响效应。本章的作用在于为内部控制投资者保护路径的实现提供实证支持基础，具体表现为以下两点：

（1）本章实证检验了内部控制与投入资本安全性及权益资本成本的关系，直接验证和分析了内部控制对投资者保护目标的直接影响效应。为内部控制投资者保护的直接路径实现提供了实证支持证据。

（2）本章为间接路径的研究提供了实证支持证据。因为间接路径研究的前提是基于内部控制与会计信息质量实现投资者保护目标的同源性与异质性。一方面，二者都有助于投资者保护目标的实现；另一方面，二者实现投资者保护目标的机理与侧重点有所不同，这也是研究间接路径的意义所在。如果间接路径与直接路径对投资者保护机理完全一致，则直接路径与间接路径的区分就毫无意义。

第一节　理论基础与研究假设

内部控制与投入资本的安全性、收益性之间的联系是由内部控制的本质决定的。如本书第二章所述,内部控制的本质是对公共领域产权的配置,从根源上减少大股东可以侵占的公共领域产权属性,并且在一定程度上替代大股东监督的功能,减少其补偿监督成本的借口,从而保证投入资本的安全性。内部控制作为应对和管理风险的制度,内部控制质量越高,公司面临的风险相对越低,从而投资者索要的风险溢价越低,可以降低公司的权益资本成本。

一、投入资本的安全性

1. 内部控制与投入资本的安全性

大股东之所以能够侵占投资者利益,需要具备三个条件:①存在可以侵占的利益。②存在侵占意图。③存在侵占机会。内部控制可以抑制大股东侵占条件存在的可能性。

从第一个条件来看,之所以存在可以被侵占的利益,主要源于合约的不完备性。关于内部控制,虽然目前各个学者研究的视角不同,但是,内部控制的主要功能就是权力的配置这一观点已得到了学者的广泛认可(杨雄胜,2005;谢志华,2009;李志斌,2009)。杜海霞(2012)则通过进一步的分析,认为内部控制的权力配置实质上是为了保障公共领域产权属性不被攫取,从而使得投资者投入企业资源的产权,即使未被合约明确约定,也能得以保护。

从第二个条件来看,当大股东对公司的控制权与现金流权一致或相近时,大股东对中小股东的侵占动机主要源于监督成本的补偿。但是监督成本的难以度量性使得大股东往往会得到超出其监督成本的收益。内部控制的存在,可以视作股东监督的补充与替代机制,从而可以减少大股东索取监督成本的借口。当大股东对公司的控制权大于其现金流权时(采取金字塔控股或交叉持股等方式时),当公司出现问题时,大股东(终级控股股东)承担风险较小,因而,大股东的监督动机被弱化,此时大股东对中小股东利益侵占的动机不再是为了补偿监督成本,更多地应该是攫取不当利得。健全有效内部控制的存在,可以加大大股东侵占的困难性,从而抑制其侵占的动机。

从第三个条件来看,关于侵占的机会,其实就是大股东侵占资源的能力。如果有可以侵占的资源,大股东又有侵占的意图,怎会没有无侵占的机会呢。这取决于大股东是否具备资源优势和信息优势,且资源优势决定了信息优势。信息优势包括事前的信息优势、事后的信息优势。事前的信息优势使得大股东可以攫取公共领域产权,事后的信息优势可以使得大股东隐瞒这一行为。当股权相对集中时,大股东比中小股东更具资源优势,因为在资本市场中,小股东可以随时被替换,但相比而言,大股东的替代并不容易。大股东比中小股东更具资源优势,所以,在订立合约之初,二者的地位就是不平等的。所以,大股东拥有事前的信息优势。大股东凭借其初始的资源优势和信息优势,去影响公司组织架构、董事会人员构成,从而拥有了更多的资源优势,并凭此攫取私利。大股东一定会想方设法隐瞒这一行为,进而获取了事后的信息优势。宏观的法律规定很显然不能有效减少资源被侵占的机会。但是,内部控制的存在,却可以通过信息沟通、权责分工等手段来降低大股东的资源优势和信息优势,从而降低侵占资源的机会。

现有的实证研究也证实了内部控制对大股东侵占行为的抑制作用。例如,杨德明等(2009)证实了内部控制质量的提高有助于抑制大股东的占用。大股东对企业的掏空是与经理人合谋的结果(彭小平和龚六堂,2011),内部控制的良好运行,会加大经理人舞弊的风险,从而也可以抑制其与大股东合谋的动机。所以当内部控制存在缺陷时,投资者投入资本的安全性就没有保障了。

2. 会计信息质量与投入资本的安全性

从投入资本安全性的视角来看,会计信息对投资者的保护表现在以下两个方面:

（1）大股东对中小股东利益的侵占行为均反映在会计信息中。大股东通过资金占用、非正常关联交易侵占中小股东利益后，必然会采取各种手段操纵会计信息隐瞒自己的行为。所以，当中小股东利益受到侵占时，会计信息质量就会降低。例如，佟岩和王化成（2007）发现，当控股股东持股比例较低时，其利益侵占动机较强，直接导致了较低的盈余质量；当控股股东持股比例较高时，其利益协同动机更强，盈余质量水平较高。洪剑峭等（2005）发现，关联交易与盈余的价值相关性之间存在倒"U"形的非线性关系，原因在于关联交易规模较小时，主要是为了节约交易成本，而非侵占利益，所以会计信息质量水平上升，但随着关联交易规模变大，侵占动机增强，会计信息质量水平开始下降。亦有研究发现，大股东及其附属公司对上市公司的资金占用程度与上市公司盈余管理的程度呈正相关（高雷和张杰，2009）。其原因在于，控股股东会通过盈余管理来掩盖资金占用行为及其对公司业绩不利的后果。所以，大股东对中小股东的侵占行为与会计盈余质量成反向关系。如前所述，大股东的侵占行为表现为关联交易持续性差，大股东违规占用资金多。

（2）会计信息能够抑制掏空行为。因为盈余质量在一定程度上能够预示控股股东未来的掏空行为（卢闯等，2010）。这种事前的预测作用，因为有可能被投资者识别，就会转化为对公司的监督，进而约束内部人的机会主义，抑制控股股东的侵占行为。当投资者无法识别侵占行为与不侵占行为的时候，出于对自己利益被侵占的担忧，就会对不同动机下的关联交易"一视同仁"地给予负面评价（郑国坚，2009），这很显然，也不是大股东所愿意看到的。而且因为以财务报告为主体的会计信息是强制披露的，信息披露透明度本身就会抑制控股股东的掏空行为（高雷等，2006）。

所以，会计信息质量不仅能够反映大股东的掏空行为，而且能够预测和抑制大股东未来各期的掏空行为。

3. 内部控制与会计信息作用机理比较分析

如前所述，内部控制与会计信息对于投资者投入资本的安全性均有一定的保障作用，但仔细分析就会发现二者投资者保护作用的机理有显著不同。内部控制对投资者投入资本的安全性的保障是一种过程保障，它作用于资本投入、运营的过程。高质量水平的内部控制可以直接制约大股东的侵占行为。会计信息是对资本投入、运营的过程信息的反映，它是对投入资本安全性结果的记录。换言之，会计信息自身并不能直接抑制当期的侵占行为，但是因为会计信息的事后反映与披露可以成为事前可以置信的威胁，从而间接抑制大股东的利益侵占行为。同时，会计信息披露也能在一定程度上预测控股股东未来的掏空行为，从而转化为对大股东的事前监督。

所以，我们认为内部控制会保障当期投入资本的安全性，而当期投入资本的安全性会影响当期会计信息质量，当期会计信息的质量会预测下期股东的行为。

如本书第三章所述，投入资本安全性由关联交易持续性和大股东资金占用两个指标来度量。关联交易持续性越好，大股东资金占用越少，则投入资本的安全性水平就越高。由此，得到假设6－1、假设6－2、假设6－3和假设6－4。

假设6－1：内部控制存在缺陷时，当期关联交易的持续性相对较差。

假设6－1－1：相比于业务层面缺陷，内部控制存在公司层面的缺陷时，当期关联交易的持续性更差。

假设6－2：会计信息质量越高，下期关联交易的持续性越好。

假设6－3：内部控制存在缺陷时，当期大股东占用资金相对较多。

假设6－3－1：相比于业务层面缺陷，内部控制存在公司层面缺陷时，大股东占用资金更多。

假设6－4：会计信息质量越好，下期大股东占用资金相对越少。

此外，需要注意的是，内部控制质量与会计信息质量都不可避免地内生于股权结构对其的影响。控股股东持股比例不同，控股股东追求控制权私有收益的偏好也会有所不同。内部控制和盈余质量对侵占动机及大股东掏空的抑制作用程度也会有所不同。当控股股东持股在50%及以下时，追求控制权私有收益是控股股东最重要的目的，而当持股比例超过50%时,控制权共享收益则成为控股股东所追求的目标(佟岩和王化成,2007)。当控股股东追求控制权共享收益时,盈余质量变好,其对未来掏空的预测作用就会减弱(卢闯等,2010)。所以在之后的实证研究中,我们将第一大股东的持股比例区分为50%以上和50%以下分别进行了进一步的实证检验和研究。

二、权益资本成本

在资本市场上,权益资本成本是投资者所要求的期望收益率。投资者在确定期望收益率时,主要取决于自己所获知的信息以及在此基础上对公司未来现金流量的预期。对权益资本成本的影响也主要从这两个方面展开进行研究。

1. 内部控制与权益资本成本

内部控制作为应对和管理风险的制度,内部控制质量越高,公司面临的风险相对越低,从而投资者索要的风险溢价越低,可以降低公司的权益资本成本。

内部控制对权益资本成本的影响通过两个渠道实现:①内部控制通过影响信息质量,从而影响权益资本成本。②内部控制通过影响经营管理层决策,进而影响投资者对未来现金流量的预期,从而影响权益资本成本。

内部控制对信息质量的影响又包括三个途径:①内部控制可以通过自身信息披露,减少公司与外部投资者的信息不对称。内部控制缺陷披露的信息含量已为诸多实证研究所证实。例如,内部控制缺陷披露会导致负的异常收益(Beneish 等,2008;Hammersley 等,2008;Ashbaugh - Skaife 等,2009),这说明投资者在内部控制信息披露之前,是未能理解(或者完全理解)内部控制的信息含量的,换言之,内部控制缺陷的披露是有信息含量的。②内部控制作用于公司内部信息收集与生产,进而影响到公司对外披露的信息,尤其是会计信息的质量。③内部控制可以影响跟踪公司财务分析师的数量及其对公司财务预测信息的准确程度,从而影响到信息质量(Kim 等,2009)。

内部控制是公司内部管理制度,会影响公司经营管理决策及公司经营效益,进而影响到投资者对未来现金流量的预期。一方面,内部控制缺陷的存在会导致公司内部管理报告质量的低下,从而影响了管理层赖以进行决策的基础;另一方面,如前所述,内部控制会抑制大股东侵占行为,保障投入资本安全性的同时,也保障了公司经济效益的提高。这必然会影响对投资者而言未来现金流量的价值,进而影响权益资本成本。

2. 会计信息质量与权益资本成本

会计信息质量水平越高,投资者与公司间的信息不对称就越低,从而其面临的信息风险就越低,从而降低公司的权益资本成本。

会计信息质量对权益资本成本的影响通过三个途径实现:①当大股东通过关联交易或占用公司现金侵占中小股东利益时,公司当期利润就会下降,会引起投资者降低未来现金流量的预期,导致权益资本成本的提高。②高质量会计信息降低了信息不对称,提高了资本市场的流动性(洪金明等,2011),从而降低了权益资本成本和股票交易成本。③会计信息质量的提高会增加财务分析师的预测准确度,从而降低了投资者的预测风险及权益资本成本。事实上,现有的实证研究也证实了会计信息质量与权益资本成本的负向关系(李刚等,2008)。

3. 内部控制与会计信息作用机理比较分析

投资者对于未来现金流量的预期取决于其对信息的知情度及信息质量等方面。所以,对于权益资本成本最根本的影响因素是信息质量。而信息质量无论从理论上(Easley 和 O'Hara,2004;Lambert 等,2007)还是实证上(Francis 等,2004)都被证明了会影响权益资本成本。Lambert 等(2007)认为,信息质量对权益资本成本有直接和间接两个方面的影响效应:直接影响在于投资者会认为公司未来现金流量变动风险较其他公司大,从而提高公司权益资本成本。间接影响在于信息质量会影响公司决策,从而影响对投资者而言未来现金流量的价值,进而影响权益资本成本。

从内部控制对信息质量的影响的三个途径来看:①在我国目前内部控制信息披露信息含量不足,尚未强制披露的制度背景下,内部控制信息披露本身对于权益资本成本影响的作用有限。这一方面是因为内部控制自愿披露并未承载关于公司实际内部控制有效性的信息含量,另一方面也是因为我国社会公众对内部控制认同程度较低,从而资本市场未对其予以定价的原因所导致的。②我国尚未有相对权威的财务分析师等机构团队,从而内部控制通过影响财务分析师等机构团队去影响信息质量的作用也是有限的。

会计信息作为相对成熟的信息系统,在资本市场上有较高的认可度,是投资者对权益资本成本定价的重要依据。所以,内部控制对信息质量的影响主要是通过对会计信息等公司信息系统的影响来实现的。首先,内部控制可以减少无意识的错误,提高会计信息质量;其次,内部控制可以抑制公司管理层有意识的舞弊行为,增加会计信息的可靠性;最后,由于内部控制可以抑制大股东的侵占行为,从而也抑制了其操纵会计信息隐瞒侵占行为的动机,提高了会计盈余质量。

所以,相比于内部控制对投入资本安全性的直接作用机制而言,内部控制对权益资本成本的影响主要是通过影响会计信息而引起的(Ogneva 等,2007)。由此,在我国资本市场上,可以得出假设 6 - 5、假设 6 - 6 和假设 6 - 7。

假设 6 - 5:内部控制存在缺陷时,权益资本成本相对较高。

假设 6 - 5 - 1:相比于业务层面缺陷,内部控制存在公司层面缺陷时,权益资本成本相对较高。

假设 6 - 6:会计信息质量越高,公司权益资本成本相对越低。

假设 6 - 7:内部控制对权益资本成本的影响显著低于会计信息质量对权益资本成本的影响。

第二节　关联交易持续性的实证检验

在前述分析的基础上,本节拟以 2009 年度上市公司数据,对内部控制缺陷和会计信息质量对关联交易持续的影响进行实证检验。

一、研究设计及数学模型

本章数据取自公司年报与 CSMAR 数据库、WIND 数据库。本章处理数据所用软件为 SAS8.2。

本章采用多元回归法考察内部控制缺陷和会计信息质量对关联交易持续的影响。本章涉及的变量定义及说明如表 6-1 所示。

表 6-1　变量定义及说明

变量名称	变量符号	变量定义
营业收入	SALER	营业收入/资产总额
资产总额	ASSET	2009 年 12 月 31 日资产总额的自然对数
关联销售	RPSALER	关联销售/资产总额
非关联销售	NONRPSALER	非关联销售/资产总额
权益资本成本	RE	按照 GLS 法计算权益资本成本
内部控制缺陷	ICD	公司内部控制缺陷数量
公司层面内部控制缺陷	ICD - ENT	公司层面内部控制缺陷数量
业务层面内部控制缺陷	ICD - ACC	业务层面内部控制缺陷数量
会计信息质量	EM	操纵性应计项目
第一大股东持股比例	TOP1	第一大股东持股比例在 2009 年初持股比例
股权制衡	TOP2_5	（第二至第五大股东持股比例之和）/第一大股东持股比例
资产负债率	LEVAGE	上市公司长期负债总额与资产总额之比
分支机构数量	SEGS	公司在 2009 年所拥有的子公司的数目，取平方根
账面价值与市值比	BOOKMAR	2009 年 12 月 31 日资产的账面价值/（所有者权益市值 + 负债账面价值）
销售增长率	SAGROW	2007~2009 年的平均销售增长率
流动性	LIQUID	年个股交易金额/年个股流通市值
净资产收益率	ROE_{08}	2008 年度净资产收益率
β 系数	β	以 2009 年度个股年度收益率对市场收益率回归计算取得
股利支付率	DIVDPAY	2009 年度股利支付率

1. 内部控制与关联交易持续性数学模型

通过构建数学模型(6 - 1)完成假设6 - 1的检验。

$$SALER_t = a_0 + a_1 ASSET_t + a_2 RPSALER_{t-1} + a_3 NONRPSALER_{t-1} +$$
$$a_4 NPI_{t-1} + a_5 RPI_{t-1} + e \qquad (6-1)$$

其中,$NPI_{t-1} = NONRPSALER_{t-1} \times$ 内部控制缺陷(ICD, ICDENT, IC-DACC)

$RPI_{t-1} = RPSALER_{t-1} \times$ 内部控制缺陷(ICD, ICDENT, IC-DACC)

在数学模型(6 - 1)中,如果内部控制存在缺陷,大股东通过关联交易侵占中小股东利益的行为可能性就会增加,则关联交易的持续性就会降低,即 RPI 的系数应该显著为负。如果公司层面缺陷对关联交易持续性的影响更大,则其系数应该更高。

2. 会计信息质量与关联交易持续性数学模型

通过构建数学模型(6 - 2)完成假设6 - 2的检验。

$$SALER_{t+1} = a_0 + a_1 ASSET_t + a_2 RPSALER_t + a_3 NONRPSALER_t + a_4 NPE_t +$$
$$a_5 RPE_t + e \qquad (6-2)$$

其中,$NPE_t = NONRPSALER_t \times EM_t$;$RPE_t = RPSALER_t \times EM_t$。

在数学模型(6 - 2)中,如果盈余质量能够预测或抑制大股东通过关联交易侵占中小股东利益的行为,则其一定能够显著提高关联交易的持续性。操纵性应计项目 EM 作为盈余质量的反向指标,与关联交易的持续性一定显著负向关,即 RPE 的系数应该显著为负。

二、实证检验

截至 2009 年 12 月 31 日,沪市和深市上市 A 股公司共计 1725 家,本部分剔除了金融业公司 32 家,中小板上市公司 327 家,无法取得相关数据公司 465 家,最后得到样本公司 901 家。

1. 内部控制缺陷与关联交易持续性的检验

采用 OLS 方法对模型(6 - 1)回归,当将内部控制缺陷与关联销售、非关联销售的交叉项纳入模型中时,回归结果如表6 - 2 所示。

表6-2 内部控制缺陷与关联交易持续性实证结果分析

变量名称	变量符号	$SALER_{09}$	$SALER_{09}$ (TOP1 > 0.5)	$SALER_{09}$ (TOP1 < 0.5)
截距	a_0	0.03914	0.34181	-0.05704
资产总额	$ASSET_{08}$	0.00406	-0.00997	0.00924***
关联销售	$RPSALER_{08}$	0.63064***	0.67494***	0.58447***
非关联销售	$NONRPSALER_{08}$	0.71901***	0.72539***	0.70942***
内部控制缺陷 与非关联销售交叉项	$NPICD_{08}$	0.15062***	0.27282***	0.09617***
内部控制缺陷 与关联销售交叉项	$RPICD_{08}$	-0.14608*	-0.50837**	-0.05715
Adj R - Sq		0.7956	0.9025	0.7568
样本数量		920	226	694

注:***、**、*分别表示在1%、5%和10%的水平上显著。

从表6-2中可以看出,在不区分大股东持股比例时,内部控制缺陷与关联销售的交叉项 RPICD 系数为负,并且在10%的水平通过显著性检验。当大股东持股比例超过50%时,RPICD 系数为负,并且在5%的水平通过显著性检验。这意味着内部控制缺陷的存在,降低了关联销售的持续性。但是当大股东持股比例小于50%时,虽然系数仍然为负,但并不显著。这可能是因为内部控制内生于股权结构,其本身可能会受到大股东的控制。当持股比例低于50%时,内部控制并不能从根本抑制大股东通过非正常关联交易追求控制权私利的行为。

采用 OLS 方法对模型(6-1)回归,当将内部控制缺陷区分为公司层面缺陷、业务层面缺陷,并将其与关联销售、非关联销售的交叉项纳入模型中时,回归结果如表6-3所示。

表 6 – 3　内部控制缺陷分类与关联交易持续性实证结果分析

变量名称	变量符号	$SALER_{09}$	$SALER_{09}$ (TOP1 > 0.5)	$SALER_{09}$ (TOP1 < 0.5)
截距	a_0	0.02680	0.33655	– 0.07585
资产总额	$ASSET_{08}$	0.00452 *	– 0.00949	0.00993
关联销售	$RPSALER_{08}$	0.63208 ***	0.67149 ***	0.58752 ***
非关联销售	$NONRPSALER_{08}$	0.72074 ***	0.72087 ***	0.71215 ***
公司层面内部控制缺陷与非关联销售交叉项	$NPICDENTE_{08}$	0.06224 *	0.05977	0.06803 *
公司层面内部控制缺陷与关联销售交叉项	$RPICDENT_{08}$	– 0.08299 *	– 0.62234 *	– 0.02401
业务层面内部控制缺陷与非关联销售交叉项	$NPICDACC_{08}$	0.20777 ***	0.27539 ***	0.13368 ***
业务层面内部控制缺陷与关联销售交叉项	$RPICDACC_{08}$	– 0.23047 *	– 0.25422	– 0.13491
Adj R – Sq		0.7981	0.9037	0.7567
样本数量		920	226	694

注：*** 、* 分别表示在 1% 和 10% 的水平上显著。

　　从表 6 – 3 中可以看出，当把内部控制缺陷分类为公司层面缺陷和业务层面缺陷后，在不区分大股东持股时，$RPICDENT_{08}$ 和 $RPICDACC_{08}$ 的系数为负，且在 10% 的水平通过显著性检验，这意味着整体而言，内部控制缺陷的存在会影响关联交易的持续性，但是当按第一大股东持股比例分组后，当第一大股东持股比例小于 50% 时，二者系数仍然为负，但并不显著，这可能是由于内部控制的内生性导致的。当第一大股东持股比例大于 50% 时，二者的系数为负，但只有 $RPICDENT_{08}$ 的系数通过了显著性检验，这意味着公司层面内部控制缺陷对关联交易持续性的影响更加重要。

　　2. 会计信息质量与关联交易持续性的检验

　　采用 OLS 方法对模型（6 – 2）回归，结果如表 6 – 4 所示。从表 6 – 4 中可以看出，在不区分第一大股东持股比例时，RPE_{09} 的系数显著为负，并在 1% 的水平上显著，这意味着 2009 年度盈余质量对 2010 年度关联销售有显著影响。2009 年度盈余质量水平越高（EM_{09} 越小），则关联交易的持续性水平越高。当第一大股东持股比例低于 50% 时，可以看到

RPE_{09} 的系数仍然显著为负。而且其绝对值为 1.61222，大于不区分持股比例时 RPE_{09} 的系数的绝对值 1.50669。当第一大股东持股比例超过 50% 时，尽管 RPE_{09} 的系数仍然为负，但并不显著。这主要是因为当大股东持股比例超过 50% 时，会更加注重控制权共有收益，从而导致会计盈余质量对未来关联交易的预测水平降低。同时可以看到，无论是否区分第一大股东持股比例，$RPSALER_{09}$ 的系数都大于 $NONRPSALER_{09}$ 的系数，这意味着在我国上市公司中关联销售占有相对多的比重，这与我国上市公司主要由原来集团公司分拆上市有关。但是应该看到的是，当第一大股东持股比例超过 50% 时，其关联销售 $RPSALER_{09}$ 的系数是三组样本中最低的，这意味着尽管关联销售中大部分是正常销售，但仍有部分销售是非公允的销售。

表 6 - 4　会计信息质量与关联交易持续性实证结果分析

变量名称	变量符号	$SALER_{10}$	$SALER_{10}$ (TOP1 > 0.5)	$SALER_{10}$ (TOP1 < 0.5)
截距	a_0	0.13185	− 0.68828 ***	0.47628 **
资产总额	$ASSET_{09}$	− 0.00248	0.03419 ***	− 0.01854 *
关联销售	$RPSALER_{09}$	1.36842 ***	1.24286 ***	1.41235 ***
非关联销售	$NONRPSALER_{09}$	0.98024 ***	0.99360 ***	0.98285 ***
盈余质量与非关联销售交叉项	NPE_{09}	− 0.19042 *	− 0.40009	− 0.18356 *
盈余质量与关联销售交叉项	RPE_{09}	− 1.50669 ***	− 0.97084	− 1.61222 **
Adj R - Sq		0.7785	0.9048	0.7383
样本数量		920	226	694

注：***、**、* 分别表示在 1%、5% 和 10% 的水平上显著。

第三节　大股东资金占用的实证检验

在前述分析的基础上，本节拟以 2009 年度上市公司数据，对内部控制缺陷和会计信息质量对大股东资金占用的影响进行实证检验。

一、研究设计及数学模型

本章采用多元回归法考察内部控制缺陷和会计信息质量对大股东资金占用的影响。本章涉及的变量定义如表6-1所示。

1. 内部控制与资金占用数学模型

通过构建数学模型（6-3）、模型（6-4），完成假设6-3的检验。

$$CO_t = a_0 + a_1ICD_t + a_2TOP2\_5_t + a_3TOP1_t + a_4LEVAGE_t + a_5ASSET_t + a_6SEGS_t + a_7ROA_t + \sum_{j=8}^{19} a_j\,IND_{it} + e \qquad (6-3)$$

$$CO_t = a_0 + a_1ICD - ENT + a_2ICD - ACC + a_3TOP2\_5_t + a_4TOP1_t + a_5LEVAGE_t + a_6ASSET_t + a_7SEGS_t + a_8ROA_t + \sum_{j=9}^{20} a_j\,IND_{it} + e$$

$$(6-4)$$

2. 会计信息质量与资金占用数学模型

通过构建数学模型（6-5），完成假设6-4的检验。

$$CO_{t+1} = a_0 + a_1EM_t + a_2TOP2\_5_t + a_3TOP1_t + a_4LEVAGE_t + a_5ASSET_t + a_6SEGS_t + a_7ROA_t + \sum_{j=8}^{19} a_j\,IND_{it} + e \qquad (6-5)$$

在模型（6-3）、模型（6-4）和模型（6-5）中，"TOP1，TOP2_5"被作为控制变量，这是因为股权制衡被很多学者认为是抑制大股东侵占的一个很好方法（李增泉等，2004；唐清泉等，2005；陈晓和王琨，2005；王立彦和林小驰，2007）。例如，陈晓和王琨（2005）的研究结果表明，关联交易规模与股权集中度呈现显著的正相关关系，而且控股股东间的制衡能力越强，发生关联交易的可能性和规模越小。当其他大股东有较高制衡能力时，他们会与大股东合谋，反之，则会相互制衡（刘慧龙等，2009）。借鉴以往的研究，我们将资产负债率 LEVAGE$_{09}$、分支机构数量 SEGS、总资产报酬率 ROA 纳入模型中作为控制变量。

二、实证检验

截至 2009 年 12 月 31 日，沪市和深市上市 A 股公司共计 1725 家，本部分剔除了金融业公司 32 家,中小板上市公司 327 家,无法取得相关数据公司 107 家,最后得到样本公司 1259 家。

1. 内部控制缺陷与大股东资金占用的检验

对模型(6 - 3)、模型(6 - 4)的回归结果分析如表 6 - 5 和表 6 - 6 所示。

表 6 - 5　内部控制缺陷与资金占用实证结果分析

变量名称	变量符号	CO_{09}	CO_{09} (TOP1 > 0.5)	CO_{09} (TOP1 < 0.5)
截距	a_0	0.29053 ***	0.17768 ***	0.34374 ***
内部控制缺陷	ICD_{09}	0.00619 ***	0.00173	0.00661 ***
股权制衡度	$TOP2\_5_{09}$	- 0.00255	0.00791	- 0.00546
第一大股东持股比例	$TOP1_{09}$	- 0.01322	0.03468	- 0.03762 *
资产负债率	$LEVAGE_{09}$	0.00365 ***	- 0.01633	0.00332 ***
资产总额	$ASSET_{09}$	- 0.01269 ***	- 0.00641 ***	- 0.01510 ***
分支机构数量	$SEGS_{09}$	0.00453 ***	0.00287 **	0.00535 ***
总资产报酬率	ROA	- 0.01778 *	- 0.09913 ***	- 0.01489
Adj R - Sq		0.1665	0.1179	0.1717
样本数量		1259	265	994

注:*** 、** 、* 分别表示在 1% 、5% 和 10% 的水平上显著。

由于现有研究发现,当控股股东持股在 50% 及以下时,追求控制权私有收益是控股股东最重要的目的,而当持股比例超过 50% 时,控制权共享收益则成为控股股东所追求的目标(佟岩和王化成,2007)。本章采用其他应收款占总资产的比例反映大股东的资金占用。但实际上,当大股东持股比例较低时,由于其主要追求控制权私有收益,其他应收款占总资产的比例可能更多地反映非正常的款项往来。

从表 6 - 5 中可以看出,在不区分大股东持股比例时,内部控制缺陷 ICD 与资金占用 CO 显著正相关。当第一大股东持股比例低于 50% 时,内部控制缺陷 ICD 与资金占用 CO 仍然显著正相关。这意味着内部控制缺陷越多,内部控制质量水平越低,资金占用行为越严重。但是当对第一大股东持股比例超过 50% 的样本进行回归时,内部控制缺陷虽然仍然与资金占用正相关,但已不再显著。这可能是因为当大股东持股比例超过 50% 时,更多地会追求控制权共享收益,其他应收款占总资产的比例可能更多地反映正常的款项往来,从而内部控制质量与资金占用水平的相关关系减弱。此外,无论是否区分大股东持股比例,也无论大股东持股比例大于 50% 还是小于 50%,资产与资金占用水平均显著负相关,这可能是因为资产规模越大,关于公司信息的获取途径就越多,从而信息不对称程度越低,抑制了大股东资金占用的动机。分支机构的数量均与资金占用水平均显著正相关,这可能是因为公司越复杂,资金被占用的行为就越难被发现,从而增加了大股东对资金的占用。

表 6 – 6　公司层面与业务层面内部控制缺陷与资金占用实证结果分析

变量名称	变量符号	CO_{09}	CO_{09}（TOP1 > 0.5）	CO_{09}（TOP1 < 0.5）
截距	a_0	0.29919 ***	0.17878 ***	0.35565 ***
公司层面内部控制缺陷	$ICD - ENT_{09}$	0.00548 **	0.00446	0.00515 **
业务层面内部控制缺陷	$ICD - ACC_{09}$	0.00349	0.00291	0.00373
股权制衡度	$TOP2\_5_{09}$	– 0.00251	0.00781	– 0.00549
第一大股东持股比例	$TOP1_{09}$	– 0.01356	0.03674	– 0.03927 *
资产负债率	$LEVAGE_{09}$	0.00365 ***	– 0.01471	0.00333 ***
资产总额	$ASSET_{09}$	– 0.01307 ***	– 0.00660 ***	– 0.01561 ***
分支机构	$SEGS_{09}$	0.00459 ***	0.00303 **	0.00542 ***
总资产报酬率	ROA	– 0.01973 **	– 0.09614 ***	– 0.01653
Adj R – Sq		0.1605	0.1207	0.1646
样本数量		1259	265	994

注:***、**、*分别表示在 1%、5% 和 10% 的水平上显著。

表 6 - 6 是对模型(6 - 4)的回归结果。从表 6 - 6 中可以看出,在不区分大股东持股比例时,公司层面内部控制缺陷与资金占用显著正相关,但业务层面内部控制缺陷虽然与资金占用正相关,但不显著。在大股东持股比例小于 50% 时,公司层面内部控制缺陷依然与资金占用显著正相关,但业务层面缺陷与资金占用的关系不显著。所以,公司层面内部控制对资金占用的抑制作用要好于业务层面内部控制。与表 6 - 5 相似,当第一大股东持股比例大于 50% 后,公司层面内部控制缺陷与资金占用的正相关关系也不再显著。与表 6 - 5 相同,资金占用规模与资金占用显著负相关,公司分支机构数量与资金占用显著正相关。

2. 会计信息质量与大股东资金占用的检验

对模型(6 - 5)回归,结果如表 6 - 7 所示。从因果关系上看,会计信息并不能抑制当年资金占用,而仅是当年资金占用的一个反映,不能体现投资者的保护作用。但是,当年的会计信息却可以预测下年度资金占用行为,体现会计信息对投资者保护的影响效应。在表 6 - 7 中,在不区分大股东持股比例的情形下,EMR_{09} 的回归系数为 0.00864,并在 10% 的水平上显著,这意味着会计信息可以预测下一年度公司的掏空行为。本年度会计信息质量越差,则下一年度的掏空行为越严重。当大股东持股比例低于 50% 时,EMR_{09} 的回归系数为 0.01022,并在 10% 的水平上显著;但是当大股东持股比例高于 50% 时,EMR_{09} 的回归系数不再为正,而且不显著,这意味着第一大股东持股比例影响了会计信息含量对下一年年度资金占用的预测性。此外,资金占用与公司规模显著正相关,与资产规模显著负相关。

表 6 - 7　会计信息质量与资金占用实证结果分析

变量名称	变量符号	CO_{10}	$CO_{10}(TOP1 > 0.5)$	$CO_{10}(TOP1 < 0.5)$
截距	a_0	0.2295 ***	0.11034 ***	0.28038 ***
盈余质量	EMR_{09}	0.00864 *	-0.01824	0.01022 *
股权制衡度	$TOP2\_5_{09}$	-0.00440 **	0.02290 **	-0.00645 **
第一大股东持股比例	$TOP1_{09}$	-0.02464 *	0.03471 *	-0.03548 **
资产负债率	$LEVAGE_{09}$	0.00010096	-0.00190	-0.000212

续表

变量名称	变量符号	CO_{10}	CO_{10}(TOP1 >0.5)	CO_{10}(TOP1 <0.5)
资产总额	$ASSET_{09}$	-0.00939^{***}	-0.00432^{***}	-0.01182^{***}
分支机构数量	$SEGS_{09}$	0.00451^{***}	0.00203^{**}	0.00548^{***}
总资产报酬率	ROA	0.00179	-0.03807^{*}	0.00556
Adj R - Sq		0.0768	0.1479	0.0740
样本数量		1259	265	994

注: $***$ 、$**$ 、$*$ 分别表示在 1% 、5% 和 10% 的水平上显著。

第四节　权益资本成本的实证检验

在前述分析的基础上,本节拟以 2009 年度上市公司数据,对内部控制缺陷和会计信息质量对权益资本成本的影响进行实证检验。

一、研究设计及数学模型

本部分数据取自公司年报与 CSMAR 数据库、WIND 数据库。本章处理数据所用软件为 SAS8.2。本部分涉及的变量定义如表 6 – 1 所示。

通过构建数学模型(6 –6)、模型(6 –7),完成对假设 6 –5 的检验。

$$RE = a_0 + a_1 ICD + a_2 ASSET + a_3 BOOKMAR + a_4 LEVAGE + a_5 LIQUID + a_6 ROE_{08} + a_7 \beta + a_8 DIVDPAY + e \qquad (6-6)$$

$$RE = a_0 + a_1 ICD - ENT + a_2 ICD - ACC + a_3 ASSET + a_4 BOOKMAR + a_5 LEVAGE + a_6 LIQUID + a_7 ROE_{08} + a_8 \beta + a_9 DIVDPAY + e$$

$$(6-7)$$

通过构建数学模型(6 –8),完成对假设 6 –6 的检验。

$$RE = a_0 + a_1 ICD + a_2 ASSET + a_3 BOOKMAR + a_4 LEVAGE + a_5 LIQUID + a_6 ROE_{08} + a_7 \beta + a_8 DIVDPAY + e \qquad (6-8)$$

关于权益资本成本的影响因素的研究,已经取得了丰富的研究成果。权益资本成本的影响因素可以分为五类:市场风险、财务风险、信息不对称、流动性及公司成长性。本章主要借鉴了叶康涛和陆正飞(2004)、姜付秀等(2008)的做法,在数学模型(5-3)和模型(5-4)中,以 β 反映公司所面临的市场风险;以资产负债率(LEVAGE)衡量公司的财务风险;以资产规模(ASSET)反映公司的信息不对称水平;以流动性变量(LIQUID)反映公司的流动性及在资本市场上的活跃性;以账面价值与市值比(BOOKMAR)反映公司的成长性。此外,我们认为公司的净资产收益率(ROE)及股利支付率(DIVDPAY)也会影响市场参与者对未来收益的预期。

二、实证检验

截至 2009 年 12 月 31 日,沪市和深市上市 A 股公司共计 1725 家,本部分剔除了金融业公司 32 家,中小板上市公司 327 家,无法取得相关数据公司 707 家,最后得到样本公司 659 家。

采用 OLS 方法对模型(6-3)、模型(6-4)回归,结果如表 6-8所示。

表 6-8　权益资本成本实证结果分析

变量名称	变量符号	RE	RE	RE
截距	a_0	-0.75161^{***}	-0.75253^{***}	-0.72392^{***}
会计盈余质量	EM			0.12511^{***}
内部控制缺陷	ICD	0.00121		
公司层面内部控制缺陷	ICD-ENT		0.00444	
业务层面内部控制缺陷	ICD-ACC		0.00356	
资产总额	ASSET	0.03675^{***}	0.03672^{***}	0.03481^{***}
账面价值与市值比	BOOKMAR	0.13492^{***}	0.13640^{***}	0.15887^{***}
资产负债率	LEVAGE	-0.13395^{***}	-0.13415^{***}	-0.14507^{***}
流动性	LIQUID	-1.58798^{***}	-1.58906^{***}	-1.87018^{***}
净资产收益率	ROE_{08}	0.37023^{***}	0.37221^{***}	0.39761^{***}

续表

变量名称	变量符号	RE	RE	RE
β 系数	β	0.11487 **	0.11509 **	0.11681 ***
股利支付率	DIVDPAY	0.00028746	0.00029665	0.00078358
Adj R – Sq		0.2899	0.2881	0.3081
样本数量		659	659	659

注:*** 、** 、* 分别表示在 1% 、5% 和 10% 的水平上显著。

从表 6 – 8 中可以看出,会计盈余质量 EM 与权益资本成本呈现显著正向关系,这意味着会计信息质量越不好,则权益资本成本越高。权益资本成本中承载了会计信息质量的信息。内部控制缺陷与权益资本成本正相关,这意味着内部控制质量水平越低,投资者可能会索要更高的风险报酬,从而导致权益资本成本增加。当把内部控制缺陷分为公司层面缺陷与业务层面缺陷时,公司层面缺陷的系数略高于业务层面内部控制缺陷的系数,在一定程度上可以表明公司层面缺陷对权益资本成本的影响程度略大。

但是无论是内部控制缺陷整体系数,还是公司层面缺陷与业务层面缺陷系数都没有通过显著性检验。这可能是因为我国目前资本市场对内部控制的认可度较低,内部控制质量存在缺陷所反映的公司风险信息,并没有反映在投资者对风险的定价中。所以,会计信息质量对权益资本成本的影响效应比内部控制的影响效应要更加显著。这也意味着内部控制对权益资本成本的影响效应可能更多体现在内部控制通过会计信息质量作用于权益资本成本的效应中。

另外,与叶康涛和陆正飞等(2004)的研究结果一致,我们发现在三个模型中,资产规模与权益资本成本显著正相关,这可能源于我国的小盘股效应,在资本市场中,人们热衷于炒作小盘股,从而低估了大盘股的价值,使得资产规模与权益资本成本正相关。与沈艺峰等(2005)的研究结果一致,本书发现账面价值与市值比和权益资本成本显著正相关,这意味着市场可能低估了账面价值与市值比较高的资产的价值。

第五节 研究结论

本章以第三章构建的内部控制投资者保护评价体系为基础,研究了内部控制与会计信息质量对投资者保护的影响效应。主要研究结论包括如下两点:

(1)内部控制与会计信息都有助于投资者保护目标的实现。内部控制质量水平越高,越有助于投资者保护目标的实现。从投入资本的安全性来看,内部控制质量水平越高,关联交易的持续性越好,大股东的资金占用越少。同时,内部控制缺陷的存在增加了企业的风险,提高了公司的权益资本成本。当内部控制缺陷被划分为公司层面缺陷和业务层面缺陷时,我们发现,相比于业务层面缺陷,公司层面缺陷与大股东资金占用的正向关系更加显著,与关联交易持续性的负向关系也更加显著。对于权益资本成本的回归系数,公司层面缺陷的系数也略大于业务层面缺陷。种种证据表明,公司层面缺陷对于公司的影响更加严重。

会计信息质量水平越高,越有助于投资者保护目标的实现。从投入资本的安全性来看,会计信息质量对于未来关联交易的持续性及大股东的掏空行为都有显著的预测作用。会计信息质量越好,下期关联交易的持续性就越好,大股东的掏空行为也相对越不严重。同时,会计信息质量水平越高,权益资本成本越低。

(2)内部控制与会计信息在投资者保护目标的实现途径具有异质性。一方面,从投入资本的安全性目标来看,内部控制对投资者保护主要是过程保护,而会计信息是结果保护。内部控制的过程保护主要体现为内部控制会直接影响当期关联交易的持续性,抑制当期大股东对中小投资者的资金占用行为。而会计信息对投资者保护的作用更多地体现为反映与预测。因为会计信息是经营活动及结果的记录,当会计信息被记录时,经济行为已经发生。会计信息不能改变当期的行为,只能反映当期的行为,并且可以帮助投资者预测下一期的行为。具体表现为,对下一期关联交易持续性及大股东占用资金行为的预测。所以,内部控制好,投资者保护好(基于当年大股东资金占用目标)已得到实证检验的证实,会计信息虽然与内部控制正相关,却没有实证检验到其对投资者的当年保护效应(基于当年大股东资金占用目标)。另一方面,从权益资本成本来看,在我国目前法律法规尚未强制披露内部控制信息及内部控制社会认同度不高的情况下,内部控制对权益资本成本的直接作用效应并不显著。会计信息质量对权益资本成本的作用显著。因为会计信息质量能够反映大股东对中小股东侵占行为的信息,所以会计信息质量与权益资本成本的相关性也就意味着市场可以识别大股东对中小股东侵占行为的信息。所以,基于权益资本成本目标,内部控制与投资者保护的正相关关系未得到实证检验,但是会计信息却与投资者保护显著相关。

内部控制与会计信息对投资者保护目标的影响效应及实现途径的异质性,恰恰为研究内部控制的投资者保护路径提供了实证基础。二者的异质性决定了内部控制与会计信息质量的互补性,而二者对投资者保护目标的共同影响效应决定了内部控制与会计信息质量可能存在的替代性,这也验证和支持了研究内部控制通过会计信息去实现投资者保护间接路径的意义。

第七章 内部控制对投资者保护的 综合路径研究

如图 7 - 1 所示,本章旨在通过结构方程模型对内部控制质量、会计信息质量和投资者保护进行全过程路径分析。本章的路径分析是建立在前述章节基础上的。

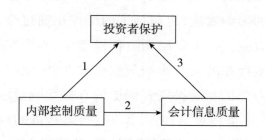

图 7 - 1 内部控制对投资者保护路径

本章与本书之前章节的关系可以从以下两个方面来看:

一方面,第七章的综合路径分析是建立在之前章节基础上的。这是因为图7 - 1所示的综合路径研究,要具备四个前提:①能确定内部控制质量、会计信息质量和投资者保护的各自影响因素。第四章实证检验了内部控制质量的影响因素,第五章在多元回归模型中分析了会计信息质量的影响因素,第六章在多元回归模型中分析了投资者保护各个指标的影响因素。②内部控制确实能够抑制大股东对中小股东利益侵占,保护投资者,这在第六章内部控制对投资者保护的影响效应的多元回归分析中得到实证检验。③内部控制质量确实会影响会计信息质量,这在第五章中已经得到实证检验。④会计信息质量会影响投资者保护,这在第六章会计信息质量对投资者保护的影响效应中得到实证检验。

　　另一方面,第七章与第五章、第六章看似相同,但却有实质的区别。第五章内部控制对信息质量的影响效应,看似是图 7-1 中路径 2 的研究,实则不然。内部控制质量与会计信息质量都会影响投资者保护,这也有可能是导致内部控制与会计信息质量在多元回归中正相关的因素之一。但是,在第五章中,这一因素并未被剔除在外,换言之,多元回归分析中内部控制对会计信息质量的影响系数带有很大的信息噪声。结构方程模型则因为将要研究的因素纳入一个框架,可以尽可能地减少信息噪声,例如,通过本章全过程路径分析,路径系数 2 能够更加真实地反映内部控制质量对会计信息质量的影响效应。第六章也同样如此,在第六章中分析的内部控制对投资者保护的影响效应可能既包括了内部控制对投资者保护的影响效应,也包括了内部控制通过会计信息质量对投资者保护的影响效应。在本章结构方程模型中,则可在技术上将直接路径与间接路径可能存在的交互影响效应剔除在外,使得路径系数 1 能够更加单纯地反映内部控制对投资者保护的直接影响效应。

　　简言之,本章并非是对第四章、第五章、第六章的重复,而是对第五章、第六章实证检验结论的更深入研究,它既要以前述章节研究结论为基础,又要克服前述章节实证检验的局限,从更为整体和全面的视角进行内部控制对投资者保护综合路径系数的检验。

第一节　内部控制对投资者保护的研究框架

　　如图 7-1 所示,内部控制质量对投资者保护有直接与间接两个路径:一方面,内部控制可以直接实现对投资者的保护;另一方面,内部控制质量可以通过影响会计信息质量,间接实现对投资者的保护。如第二章所述,内部控制对投资者的直接路径保护建立在内部控制本质的理论基础之上。内部控制对投资者保护间接路径则源于内部控制与会计信息质量、会计信息质量与投资者保护两个环节环环紧扣的内在逻辑关系。之所以要研究内部控制对投资者保护的直接路径和间接路径,原因在于直接路径与间接路径对投资者保护的作用具有很大程度的异质性,具体表现为以下四点:

1. 对投资者保护目标的侧重不同

直接路径是指内部控制直接对投资者目标的保护,更加侧重于对投资者投入资本安全性的保护。虽然按照《企业内部控制规范》,提高经济效率与效果是内部控制的目标之一。但该目标仅仅是法律法规外加性规定。无论从内部控制的产生还是发展来看,这均不符合内部控制本质的内在要求,投入资本的安全性才是内部控制产生与发展的内在需求以及最根本的目标。

间接路径是指内部控制通过保障会计信息质量,使会计实现治理和定价功能,间接实现对投资者的保护,更加侧重于对投资者收益性的保护。会计信息是公司经济活动的反映,其本身并不能从根本上抑制投资者利益被侵占的行为。但是,当大股东侵占中小投资者利益后,该行为会反映在会计信息中。即使大股东会隐瞒和操纵会计信息,但却会降低会计盈余质量,最终反映在资本市场中,中小股东会因为自己的风险而索要更多的风险对价,从而提高公司的权益资本成本,最终在一定程度上实现对投资者收益权的保护。

2. 对投资者保护的作用机理不同

如第二章所述,内部控制本质是对公共领域产权属性进行重新配置。内部控制通过治理架构及岗位分工,完成公司内部授权。内部控制制度融于公司经营管理活动之中,所以内部控制对投资者保护的直接路径更加侧重于过程保护。但是,正是因为内部控制内生于公司的特性,所以内部控制亦具有其自身无法克服的局限性,这也是要关注间接路径投资者保护效果的重要原因。

内部控制通过会计信息质量对投资者保护的间接路径更加侧重于对投资者的结果保护。而会计信息,尤其是财务报表,更多的是事后的记录,反映的是公司经营活动的成果和截止到某一时点的财务状况与经营成果。当会计信息披露后,资本市场获知的也是关于经营活动结果的信息,会计信息披露内容及其质量也是对公司管理层行为结果的反映。当大股东隐瞒与操纵信息后,就会带来盈余质量的下降。这必然也会反映在对外披露的会计信息中。

3. 与其他机制的作用过程不同

内部控制对投资者保护的直接路径更加侧重于内部控制自身的运行,而间接路径更加侧重于内部控制与其他机制的作用。内部控制的间接路径可以作为内部控制的外显机制,会计信息披露可以作为内部控制信息披露的替代机制发挥作用。当大股东存在侵占中小投资者利益的动机时,虽然会计信息对投资者保护的作用具有滞后性,但是会计信息的存在及披露可以被视作可以置信的事前威胁,因此对大股东的行为亦存在事前的制约作用。

4. 内部控制的口径不同

关于内部控制的口径,历来存在争议。通常内部控制被区分为财务报告内部控制与广义内部控制。基于成本与收益的考虑,SOX 法案采纳了财务报告内部控制的口径。我国的《企业内部控制规范》及配套指引则采纳了全面内部控制的口径。内部控制对投资者保护的直接路径更加侧重于全面口径内部控制的运行作用。间接路径更加侧重于以财务报告为基础内部控制的作用。如果认可间接路径对投资者保护的作用更加重要时,实质上是认可财务报告内部控制路径的可行性,这也是本书的重要贡献之一。

研究内部控制对投资者保护的综合路径效应,最重要的意义在于会计信息本身已经具备非常成熟的生产、披露与监督体系。如果对外披露的会计信息已经承载了内部控制的大部分信息含量,则强制对外披露内部控制信息就不是必要的。这对于我国目前《企业内部控制规范》及配套指引执行政策的制定具有一定的借鉴意义与指导意义。

本书第二章为本章的研究奠定了理论基础,内部控制与会计信息质量都有助于投资者保护目标的实现,内部控制与投资者的保护效应已在第五章进行讨论,关于内部控制与会计信息质量之间的作用已在第六章中予以论述。所以,本章的主要目的是研究内部控制对投资者保护的直接路径系数与间接路径系数,并在此基础上提出相应的政策建议。

第二节　研究设计

尽管本书第五章、第六章已通过多元回归模型分别验证了"内部控制与会计信息质量"、"会计信息质量与投资者保护"、"内部控制与投资者保护"的两两相关关系,但未将三者纳入同一个分析框架内进行研究。基于前述章节的研究基础,本章则是将"内部控制"、"会计信息"与"投资者保护"纳入同一个分析框架,利用结构方程模型进行研究。本章将采用路径分析法分析内部控制对投资者保护的直接路径系数和内部控制对投资者保护的间接路径系数。与通常结构方程模型研究潜变量之间路径系数不同,本章借鉴 Lu 等(2010)的做法,认为结构方程模型本质上是线性回归方程的归纳,所以研究的是显变量之间的路径系数。本章路径分析所建立的假设基础已在第五章与第六章取得了实证检验证据。

一、研究假设

如图 7-2 所示,内部控制对投资者保护的研究是建立在以下三个假设基础上的:

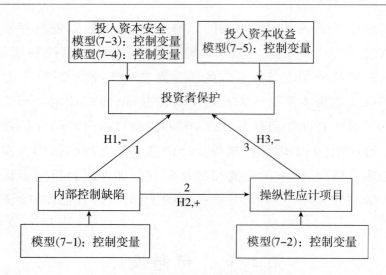

图7-2 内部控制对投资者保护的作用路径

假设7-1：内部控制质量水平与投资者保护水平呈现正向关系，当内部控制存在缺陷时，投资者保护水平就会降低。

假设7-1构成了内部控制对投资者保护的直接路径的研究基础。假设7-1关于内部控制与投资者保护目标的实现关系已在第六章得以检验。

假设7-2：内部控制质量水平与会计信息质量水平呈现正向关系，当内部控制存在缺陷时，操纵性应计项目金额越大。

假设7-3：会计信息质量水平与投资者保护水平呈现正向关系，会计信息质量水平低时，即操纵性应计项目金额越大，投资者保护水平就越低。

假设7-2与假设7-3构成了内部控制通过会计信息质量对投资者保护的间接路径基础。假设7-2关于内部控制与会计信息质量的关系已在第五章得以实证检验。假设7-3会计信息质量与投资者保护的关系已在第六章得以实证检验。

但是要注意的是，尽管本章研究是建立在之前章节的基础之上，但并非是对以前章节的简单重复。按照结构方程模型原理，只有证明"内部控制"、"会计信息"与"投资者保护"之间的相关关系，方可纳入同一个分析框架进行路径系数的分析。之前章节只是证明了三者之间的两两相关关系及各自的影响因素,本章则是将三者纳入同一个分析框架进行研究,每一个路径分析的系数均在技术上将其他路径影响因素剔除在外。如图7-2所示,内部控制对投资者保护路径研究实质是将三个假设纳入同一个路径模型中,研究内部控制缺陷对投资者保护的路径系数1,内部控制对会计信息质量的路径系数2,会计信息质量对投资者保护的路径系数3。

本章研究的主要意义在于:

(1)投入资本安全性的研究更多地从行为层面对投资者保护进行研究。基于投入资本安全性的目标,如果内部控制对投资者保护的路径系数1(直接路径系数)大于"内部控制—会计信息—投资者保护"的路径系数(间接路径系数),则意味着从投资者保护的视角而言,全面口径内部控制比基于财务报告口径的内部控制更加重要。

(2)权益资本成本更多地从信息层面对投资者保护进行研究。因为权益资本成本反映了资本市场投资者的期望收益率,而投资者的期望收益率的定价源于投资者可获知的信息及信息质量。基于投资者期望收益率的目标,如果内部控制对投资者保护的路径系数1(直接路径系数)小于"内部控制—会计信息—投资者保护"的路径系数(间接路径系数),则意味着内部控制的信息并未被资本市场定价,这样才会存在内部控制信息被强制披露的内在需求。反之,则内部控制信息的强制披露是没有必要的。

(3)本章研究了内部控制与会计信息作用于投资者保护机理的异质性。内部控制更加侧重于对侵占行为的抑制,会计信息更多的是将事后的可以置信的威胁转化为事前的监督,从而发挥对投资者的保护作用。

尽管会计信息目前是动态披露的,但是从投资者的视角看来,年报的信息含量要远大于中期报告(月度报告、季度报告及半年报),所以囿于文章篇幅所限,与其他章节相同,本章亦只将年度财务报告作为会计信息最重要的表现形式来进行研究。

二、路径研究的控制变量模型

1. 内部控制缺陷的控制变量模型

关于内部控制缺陷的影响因素,在第四章已经论述。建立的模型如模型(7-1)、模型(7-2)、模型(7-3)所示,关于变量的定义如表4-5所示。

$$
\begin{aligned}
ICD = & a_1 SEGS + a_2 INFIX + a_3 RESUR + a_4 SAGROW + a_5 MARV + a_6 Z + \\
& a_7 LOSS + a_8 FRIMAGE + a_9 ASSET + a_{10} INDPP + a_{11} INAUDBE + \\
& a_{12} BODEXE + a_{13} INSTITU + a_{14} STKCD + a_{15} RESTA_{08} + e_1
\end{aligned}
$$

$$(7-1)$$

$$
\begin{aligned}
ICD - ENT = & a_1 SEGS + a_2 INFIX + a_3 RESUR + a_4 SAGROW + a_5 MARV + \\
& a_6 Z + a_7 LOSS + a_8 FRIMAGE + a_9 ASSET + a_{10} INDPP + \\
& a_{11} INAUDBE + a_{12} BODEXE + a_{13} INSTITU + a_{14} STKCD + \\
& a_{15} RESTA_{08} + e_1
\end{aligned}
$$

$$(7-2)$$

$$
\begin{aligned}
ICD - ACC = & a_1 SEGS + a_2 INFIX + a_3 RESUR + a_4 SAGROW + a_5 MARV + \\
& a_6 Z + a_7 LOSS + a_8 FRIMAGE + a_9 ASSET + a_{10} INDPP + \\
& a_{11} INAUDBE + a_{12} BODEXE + a_{13} INSTITU + a_{14} STKCD + \\
& a_{15} RESTA_{08} + e_1
\end{aligned}
$$

$$(7-3)$$

2. 应计项目的控制变量模型

关于应计项目的控制变量模型如模型(7-4)、模型(7-5)、模型(7-6)所示,在第五章已经论述,关于变量的定义如表5-1所示。

$$EM = a_0 + a_1 ICD + a_2 CFVO + a_3 SALEVO + e_1 \qquad (7-4)$$

$$EM = a_0 + a_1 ICD - ENT + a_2 CFVO + a_3 SALEVO + e_1 \qquad (7-5)$$

$$EM = a_0 + a_1 ICD - ACC + a_2 CFVO + a_3 SALEVO + e_1 \qquad (7-6)$$

因为内部控制缺陷已经将类似于公司规模、分支机构数量包含在模型中,所以上述会计信息质量的数学模型中,我们只包括了经营活动现金流量的变动性及销售收入的变动性两类因素。

3. 大股东资金占用的控制变量模型

关于大股东资金占用的控制变量模型如模型(7-7)、模型(7-8)、模型(7-9)所示,在第六章已经论述,关于变量的定义如表6-1所示。

$$CO_{t+1} = a_0 + a_1 ICD_t + a_2 EM_t + a_3 TOP2\_5_t + a_4 TOP1_t + a_5 LEVAGE_t +$$
$$a_6 + e \hspace{6cm} (7-7)$$

$$CO_{t+1} = a_0 + a_1 ICD - ENT_t + a_2 EM_t + a_3 TOP2\_5_t + a_4 TOP1_t + a_5 LEVAGE_t +$$
$$a_6 + e \hspace{6cm} (7-8)$$

$$CO_{t+1} = a_0 + a_1 ICD - ACC_t + a_2 EM_t + a_3 TOP2\_5_t + a_4 TOP1_t + a_5 LEVAGE_t +$$
$$a_6 + e \hspace{6cm} (7-9)$$

因为内部控制缺陷已经将类似于公司规模、分支机构数量包含在模型中,所以上述大股东资金占用的数学模型中,未包括资产规模、资产负债率等因素。

在上述模型中,之所以以滞后一期大股东资金占用作为因变量,是因为对于2009年度大股东资金占用,会计信息仅是反映,并不能真正起到抑制作用,只有在重复博弈过程中,会计信息才会成为事前可以置信的威胁。由于数据是横截面数据,所以,以滞后一期2010年度资金占用作为因变量,在逻辑上更为合理一些。

4.关联交易的控制变量模型

关于关联交易的控制变量模型如模型(7-10)、模型(7-11)、模型(7-12)所示。与第六章不同的是,因为关联销售的持续性不适宜作为控制变量模型,本章未采用关联销售的持续性构造路径系数,而是采用了关联销售的异常增长作为因变量构建控制变量方程。

$$AVRP = a_0 + a_1 ICD + a_2 EM + a_3 TOP2\_5 + a_4 TOP1 + a_5 LEVAGE +$$
$$a_6 SALEGROW + a_7 GROUP + a_8 ROA_{09} + e \hspace{2cm} (7-10)$$

$$AVRP = a_0 + a_1 ICD - ENT + a_2 EM + a_3 TOP2\_5 + a_4 TOP1 + a_5 LEVAGE +$$
$$a_6 SALEGROW + a_7 GROUP + a_8 ROA_{09} + e \hspace{2cm} (7-11)$$

$$AVRP = a_0 + a_1 ICD - ACC + a_2 EM + a_3 TOP2\_5 + a_4 TOP1 + a_5 LEVAGE +$$
$$a_6 SALEGROW + a_7 GROUP + a_8 ROA_{09} + e \hspace{2cm} (7-12)$$

其中,AVRP为关联销售的异常增长率。若2006～2009年平均关联销售增长率超过销售增长率,则赋值为1,否则为0;SALEGROW为2006～2009年平均销售增长率。其余变量定义如表6-1所示。

5. 权益资本成本的控制变量模型

关于权益资本成本的控制变量模型如模型(7 – 13)、模型(7 – 14)、模型(7 – 15)所示,在第六章已经论述,关于变量的定义如表 5 – 1 所示。

$$RE = a_0 + a_1\ ICD + a_2\ EM + a_3\ ASSET + a_4 BOOKMAR + a_5 LEVAGE + a_6 LIQUID + a_7 ROE_{08} + a_8 \beta + a_9 DIVDPAY + e \qquad (7-13)$$

$$RE = a_0 + a_1\ ICD - ENT + a_2\ EM + a_3\ ASSET + a_4 BOOKMAR + a_5 LEVAGE + a_6 LIQUID + a_7 ROE_{08} + a_8 \beta + a_9 DIVDPAY + e$$
$$(7-14)$$

$$RE = a_0 + a_1\ ICD - ACC + a_2\ EM + a_3\ ASSET + a_4 BOOKMAR + a_5 LEVAGE + a_6 LIQUID + a_7 ROE_{08} + a_8 \beta + a_9 DIVDPAY + e$$
$$(7-15)$$

第三节　大股东资金占用路径系数分析

本部分数据取自公司年报与 CSMAR 数据库、WIND 数据库。截至 2009 年 12 月 31 日,沪市和深市上市 A 股公司共计 1725 家,本部分剔除了金融业公司 32 家,中小板上市公司 327 家,无法取得相关数据公司 318 家,最后得到样本公司 1048 家。路径系数分析所用软件为 AMOS17.0。

当以大股东资金占用作为投资者保护的测度指标时,大股东占用资金越多,则投资者保护水平越低。所以,图 7 – 2 所示的内部控制缺陷、会计信息质量与投资者保护的负相关假设转换成了内部控制缺陷、会计信息质量与大股东资金占用的正相关假设。

一、内部控制缺陷的路径系数

不区分内部控制缺陷类型,以模型(7 – 1)、模型(7 – 4)和模型(7 – 7)分别作为内部控制缺陷、操纵性应计项目和大股东资金占用的控制变量模型,得出内部控制缺陷对会计信息质量的路径影响系数如图 7 – 3

所示,模型拟合度指标如表7－1所示。

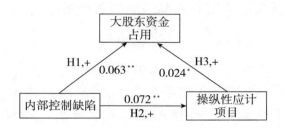

图7－3　全部缺陷对资金占用的作用路径

表7－1　全部内部控制缺陷模型拟合度评价指标

拟合度指标	全部缺陷	资产＞中位数	资产＜中位数	持股比例＞50%	持股比例＜50%	评价指标
GFI	0.772	0.799	0.796	0.766	0.765	越大越好
AGFI	0.729	0.758	0.755	0.721	0.720	越大越好
RMSEA	0.110	0.104	0.103	0.110	0.109	＜0.1,越小越好

在图7－3中,内部控制缺陷与大股东资金占用的路径系数为0.063,操纵性应计项目与大股东资金占用的路径系数为0.024。可以得到以下三点结论:

(1)当内部控制存在缺陷时,操纵性应计项目越大时,大股东资金占用更加严重,这支持了我们之前的假设。

(2)因为内部控制缺陷对大股东资金占用的路径系数大于操纵性应计项目对大股东资金占用的路径系数,这意味着尽管会计信息质量对下期资金占用有预测作用,但是,真正能够抑制大股东资金占用的还是内部控制。

(3)内部控制对大股东资金占用的直接路径系数为0.063,远大于对大股东资金占用的间接路径系数为0.001728(0.072×0.024)。这意味着内部控制缺陷的信息远未反映在会计信息中,换言之,内部控制本身是有信息含量的。从抑制大股东资金占用的视角来看,全面口径的内部控制比财务报告口径的内部控制更加重要。

二、公司层面与业务层面控制缺陷的路径系数

以模型(7－2)、模型(7－5)和模型(7－8)分别作为公司层面内部控制缺陷、操纵性应计项目和大股东资金占用的控制变量模型,得出公司层面内部控制缺陷对会计信息质量的路径影响系数如图7－4所示,模型拟合度指标如表7－2所示。以模型(7－3)、模型(7－6)和模型(7－9)分别作为业务层面内部控制缺陷、操纵性应计项目和大股东资金占用的控制变量模型,得出业务层面内部控制缺陷对会计信息质量的路径影响系数如图7－5所示,模型拟合度指标如表7－2所示。

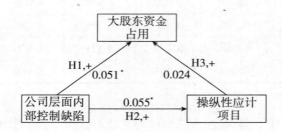

图7－4 公司层面内部控制缺陷对资金占用的作用路径

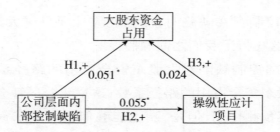

图7－5 业务层面内部控制缺陷对资金占用的作用路径

表7-2 业务层面与公司层面控制模型拟合度评价指标

拟合度指标	业务层面控制			公司层面控制		
	全体样本	资产＞中位数	资产＜中位数	全体样本	持股比例＞50%	持股比例＜50%
GFI	0.772	0.767	0.760	0.772	0.766	0.765
AGFI	0.728	0.723	0.715	0.729	0.721	0.720
RMSEA	0.110	0.117	0.107	0.110	0.110	0.109

从对图7-4和图7-5的比较分析中可以得出以下三点结论：

（1）对于大股东资金占用，公司层面与业务层面内部控制作用路径相差不大。公司层面内部控制对大股东资金占用的路径系数0.056略大于业务层面内部控制的路径系数0.051，与第五章多元回归结果一致。

（2）无论是公司层面内部控制还是业务层面内部控制，其对大股东资金占用的路径系数（0.056和0.051）都大于会计信息质量的路径系数（0.024和0.025），这意味着内部控制对于大股东资金占用行为的抑制作用相比于会计信息质量而言更加重要。

（3）无论是公司层面内部控制还是业务层面内部控制，其对大股东资金占用的路径系数（0.056和0.051）都远大于其通过会计信息质量的间接路径系数0.001368（0.024×0.057）和0.001375（0.055×0.025）。这一方面说明了即使存在会计信息披露，内部控制信息披露仍然具备一定的意义；另一方面因为内部控制通过会计信息实现投资者保护可以被视作财务报告口径的内部控制，所以说明了相比于财务报告内部控制，全面口径内部控制的重要性。

三、按规模分样本比较路径系数

SOX法案按照公司规模确定SOX法案规定执行的日程安排及所执行法规的差异。那么规模是否是影响路径系数的重要原因呢？

1. 基于全部内部控制缺陷分组比较

本部分将样本按规模中位数分为两组,不区分内部控制缺陷类型,以模型(7-1)、模型(7-4)和模型(7-7)分别作为内部控制缺陷、操纵性应计项目和大股东资金占用的控制变量模型,检验了它们各自的路径系数,如图7-6和图7-7所示。模型拟合度指标如表7-1所示。

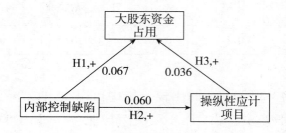

图7-6　资产大于中位数路径系数

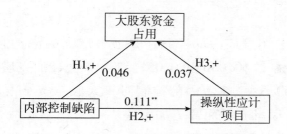

图7-7　资产小于中位数路径系数

从对图7-6和图7-7的比较分析中可以得出以下三点结论:

(1)与前面结论相同,无论公司规模大小,内部控制缺陷对大股东资金占用的路径系数均大于会计信息质量的系数。也就是说,会计信息的预测功能是有限的,相比于会计信息,内部控制缺陷对于大股东的资金占用抑制作用更强。

(2)在资产规模较大样本组,内部控制直接对大股东资金占用的路径系数为0.067,大于资产规模较小组的0.046。这说明在资产规模较大样本组,内部控制更加有助于抑制大股东对中小投资者的资金占用,从而也更加有助于投资者保护。

（3）在资产规模较小样本组中，内部控制缺陷对操纵性应计项目的路径系数 0.111 大于资产规模较大样本组的路径系数 0.060，这意味着，公司规模越小，会计信息质量承载的内部控制信息含量越大。相比于小规模公司，全面口径内部控制对于大规模公司而言更加重要。

2. 基于业务层面控制缺陷分组比较

之所以要对业务层面内部控制按规模分样本进行路径分析，原因在于业务层面内部控制缺陷更多的是源于公司业务活动的复杂性，而业务活动的复杂性通常与公司规模正相关。基于业务层面控制，将样本按规模中位数分为两组，以模型（7－3）、模型（7－6）和模型（7－9）分别作为业务层面内部控制缺陷、操纵性应计项目和大股东资金占用的控制变量模型，检验了它们各自的路径系数，如图 7－8 和图 7－9 所示，模型拟合度指标如表 7－2 所示。

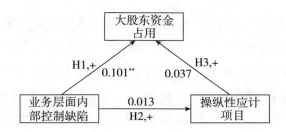

图 7－8　资产大于中位数路径系数

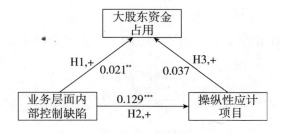

图 7－9　资产小于中位数路径系数

从图 7－8 和图 7－9 可以看出，基于业务层面内部控制缺陷分组检验，得到结论与前面基于全部内部控制缺陷得到的结论基本一致。公司规模较大时,业务层面内部控制更加有助于抑制大股东资金占用;公司规模较小时,业务层面控制缺陷对操纵性应计项目的路径系数为0.129,大于资产规模较大样本的0.013,这意味着规模较小样本的会计信息承载了更多内部控制缺陷信息,从而其披露内部控制信息的内在需求相对较弱。对于资产规模较小的公司而言,财务报告内部控制更加重要。相反,基于投资者保护的视角,对于资产规模较大的公司而言,全面口径内部控制,而非财务报告口径的内部控制,更加重要。

但是,与之前论述不同的是,当公司规模较小时,可以看到业务层面控制缺陷对大股东资金占用的路径系数小于操纵性应计项目对大股东资金占用的路径系数。这意味着,与全部内部控制相比,业务层面控制基于会计信息的投资者间接保护路径更加重要。

四、按第一大股东持股比例分样本路径系数

股权结构被视作法律对投资者保护的替代机制,所以股权结构不同,投资者保护程度可能也会受到影响。将整体样本按照第一大股东持股比例50%为限,分为两组:第一大股东持股比例大于50%的样本组;第一大股东持股比例小于50%的样本组。之所以这样划分,是因为按照以往的研究,当第一大股东持股比例高于50%时,大股东与中小股东存在利益趋同效应,而小于50%时,存在利益侵占效应。

1. 基于全部内部控制缺陷分组比较

在不区分业务层面与公司层面内部控制缺陷时,两个样本组的路径检验系数如图7-10和图7-11所示,模型拟合度评价指标如表7-1所示。

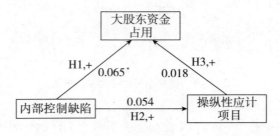

图7-10　第一大股东持股比例大于50%路径系数

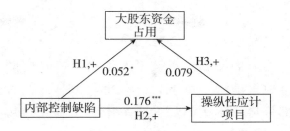

图 7 - 11　第一大股东持股比例小于 50 %路径系数

通过对图 7 - 10 和图 7 - 11 的比较分析中可以得出以下四点结论：

（1）第一大股东持股比例较低时，会计信息中承载了更多的内部控制缺陷信息。持股比例小于 50% 样本组中，内部控制缺陷对会计信息质量路径系数为 0. 176，大于持股比例大于 50% 样本组的路径系数 0. 054。第一大股东持股比例较低时，因为内部控制的信息可以在会计信息中得到反映，所以，内部控制信息披露的需求也随之降低。相比于大股东持股比例较低的公司，大股东持股比例较高的公司更需要披露内部控制信息，全面口径内部控制对其也更加重要。

（2）当第一大股东持股比例较高时，内部控制对大股东资金占用的抑制更加重要。具体表现为：在第一大股东持股比例较高样本中，内部控制缺陷对大股东资金占用的路径系数 0. 065 大于操纵性应计项目的系数 0. 054。

（3）当第一大股东持股比例较低时，会计信息质量对于大股东资金占用的预测监督功能更重要。具体表现为：在第一大股东持股比例较低样本中，内部控制缺陷对大股东资金占用的路径系数 0. 052 小于操纵性应计项目的系数 0. 079。

（4）在第一大股东持股比例较高的样本组，内部控制更加重要，好的内部控制更加有助于抑制大股东对中小投资者的资金占用，从而也更加有助于投资者保护。具体表现为：内部控制直接对大股东资金占用的路径系数为 0. 065 大于持股比例较小组的 0. 052。这与第一大股东持股比例高于 50% 时的利益趋同效应是一致的，当第一大股东愿意更好地发展公司时，内部控制才能更好地起作用。否则，内部控制可能只能流于形式。

2. 基于公司层面控制缺陷分组比较

之所以对公司层面缺陷样本按第一大股东持股比例分类,原因在于公司层面的缺陷更多地源于董事会,而董事会则代表了持股股东利益的博弈结果。本部分将样本按第一大股东持股比例分为两组,分别检验了它们的路径系数,如图 7 - 12 和图 7 - 13 所示,模型拟合度评价指标如表 7 - 2 所示。

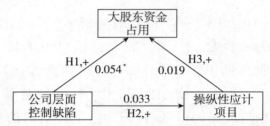

图 7 - 12　第一大股东持股比例大于 50 % 路径系数

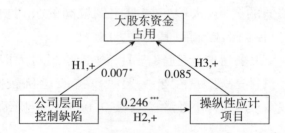

图 7 - 13　第一大股东持股比例小于 50 % 路径系数

通过对图 7 - 12 和图 7 - 13 的比较分析中可以得出以下两点结论:

(1)与第一股东持股比例大于 50% 样本组相比,持股比例小于 50% 样本组的会计信息中承载了更多的公司层面内部控制信息。因为在持股比例小于 50% 样本组中,内部控制对会计信息质量路径系数为 0.246,大于 0.033。第一大股东持股比例较低时,因为内部控制的间接作用路径系数 0.02091(0.246 × 0.085)大于其直接路系数 0.007,所以公司层面内部控制的信息可以在会计信息中得以反映,内部控制信息披露的需求也随之降低。相比于大股东持股比例较低公司,大股东持股比例较高公司更需要披露内部控制信息,尤其是全面口径内部控制信息。

（2）当第一大股东持股比例较高时，内部控制直接对大股东资金占用的路径系数为 0.054，大于持股比例较小组的 0.007。这说明在持股比例较高的样本组，内部控制更加重要，好的内部控制更加有助于抑制大股东对中小投资者的资金占用，从而也更加有助于投资者保护。

五、分行业样本路径系数

在不区分业务层面与公司层面内部控制缺陷时，本部分基于证监会行业分类标准，分别对其与投资者保护的路径系数进行了检验，路径系数如表 7-3 所示。

表 7-3 分行业样本路径系数

	A	B	C	D	E	F
ICD-CO	0.014	0.048	0.031	0.197*	0.351***	-0.117
ICD-EM	-0.150	0.009	0.171***	0.313**	0.033	0.129
EM-CO	0.038	0.119	-0.030	0.290	-0.066	0.297**
	G	H	J	K	L	M
ICD-CO	-0.057	-0.090	0.116	0.001	0.556	0.070
ICD-EM	0.454***	0.126	0.039	-0.120	0.108	-0.255**
EM-CO	0.032	-0.131	0.066	-0.060	0.060	-0.109

如表 7-3 所示，D（电力、煤气及水的生产供应业）、G（信息技术业）和 C（制造业）三个行业，内部控制与操纵性应计项目的路径系数显著为正，也就是说相比于其他行业，这三个行业的会计信息质量承载了相对较高的内部控制缺陷信息含量，在强制披露信息需求上，弱于其他行业。在所有的行业中，L 行业（建筑业）内部控制缺陷与大股东资金占用的路径系数最高，这意味着从投资者的角度来看，建筑业的内部控制更加重要，从而其披露内部控制信息的内在需求也更为强烈。但是，分行业计算路径系数时，由于部分行业样本量过少，导致了路径系数可能存在一定的计量偏差。

第四节 异常关联交易路径系数分析

本部分数据取自公司年报与 CSMAR 数据库、WIND 数据库。截至 2009 年 12 月 31 日,沪市和深市上市 A 股公司共计 1725 家,本部分剔除了金融业公司 32 家,中小板上市公司 327 家,无法取得相关数据公司 671 家,最后得到样本公司 695 家。路径系数分析所用软件为 AMOS17.0。

一、内部控制全部缺陷的路径系数

不区分内部控制缺陷类型,以模型(7－1)、模型(7－4)和模型(7－7)分别作为内部控制缺陷、操纵性应计项目和异常关联交易的控制变量模型,得出内部控制缺陷对会计信息质量的路径影响系数如图 7－14 所示,模型拟合度评价指标如表 7－4 所示。

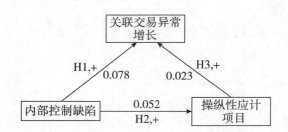

图 7－14　全部缺陷对异常关联交易的作用路径

表 7－4　异常关联交易内部控制全部缺陷模型拟合度评价指标

拟合度指标	全部缺陷	资产 > 中位数	资产 < 中位数	持股比例 >50%	持股比例 <50%	评价指标
GFI	0.793	0.793	0.762	0.781	0.756	越大越好
AGFI	0.757	0.756	0.718	0.743	0.713	越大越好
RMSEA	0.101	0.099	0.108	0.102	0.097	<0.1,越小越好

在图 7 - 14 中,内部控制缺陷与异常关联交易的路径系数为 0.078,操纵性应计项目与异常关联交易的路径系数为 0.023。可以得到以下三点结论:

(1)当内部控制存在缺陷时,操纵性应计项目越大时,关联交易异常现象更加严重,这支持了之前的假设。

(2)因为内部控制缺陷对异常关联交易的路径系数 0.078 大于操纵性应计项目对异常关联交易的路径系数 0.023,这意味着尽管会计信息质量对异常关联交易有监督作用,但是内部控制在抑制异常关联交易的作用更强一些。

(3)内部控制对异常关联交易的直接路径系数为 0.078,远大于对异常关联交易的间接路径系数为 0.001196(0.052×0.023)。这意味着内部控制缺陷的信息远未反映在会计信息中,换言之,内部控制对投资者的保护效应远超过财务报告中内部控制的口径。

二、公司层面与业务层面控制缺陷的路径系数

以模型(7 - 2)、模型(7 - 5)和模型(7 - 8)分别作为公司层面内部控制缺陷、操纵性应计项目和异常关联交易的控制变量模型,得出公司层面内部控制缺陷对会计信息质量的路径影响系数如图 7 - 15 所示,模型拟合度评价指标如表 7 - 5 所示。以模型(7 - 3)、模型(7 - 6)和模型(7 - 9)分别作为业务层面内部控制缺陷、操纵性应计项目和异常关联交易的控制变量模型,得出业务层面内部控制缺陷对会计信息质量的路径影响系数如图 7 - 16 所示,模型拟合度评价指标如表 7 - 5 所示。

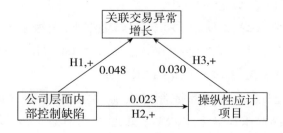

图 7 -15　公司层面缺陷对异常关联交易的作用路径

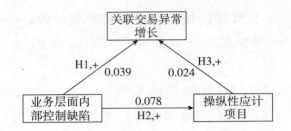

图 7 – 16   业务层面缺陷对异常关联交易的作用路径

表 7 – 5   业务层面与公司层面控制模型拟合度评价指标

拟合度指标	业务层面控制			公司层面控制		
	全体样本	资产 >中位数	资产 <中位数	全体样本	持股比例 >50%	持股比例 <50%
GFI	0.793	0.794	0.762	0.793	0.782	0.758
AGFI	0.757	0.756	0.718	0.758	0.744	0.716
RMSEA	0.101	0.099	0.108	0.101	0.102	0.095

从图 7 – 15 和图 7 – 16 的比较分析中可以得出以下几点结论：

（1）无论是公司层面内部控制还是业务层面内部控制，其对异常关联交易的路径系数（0.039 和 0.048）都大于会计信息质量的路径系数（0.030和0.024），这意味着内部控制对于异常关联交易的抑制作用相比于会计信息质量而言更加重要。

（2）通过路径系数研究，意外发现公司层面控制缺陷与操纵性应计项目之间负的路径系数。这意味着相比于业务层面控制缺陷，公司层面控制缺陷更难反映在会计信息中。

（3）对于异常关联交易，公司层面与业务层面控制作用路径相差不大。公司层面对异常关联交易的路径系数 0.048 略大于业务层面的路径系数 0.039，与第五章多元回归结果一致。

（4）无论是公司层面内部控制还是业务层面内部控制，其对异常关联交易的路径系数（0.048 和 0.039）都远大于其通过会计信息质量的间接路径系数0.00069（0.023 × 0.030）和 0.001872（0.078 × 0.024）。这一方面说明了即使存在会计信息披露,内部控制信息披露仍然具备一定的意义;另一方面因为内部控制通过会计信息实现投资者保护可以被视作财务报告口径的内部控制,所以再一次证明了相比于财务报告内部控制全面口径内部控制的重要性。

三、按规模分样本比较路径系数

1. 基于全部内部控制缺陷分组比较

本部分将样本按规模中位数分为两组,不区分内部控制缺陷类型,以模型(7－1)、模型(7－4)和模型(7－10)分别作为内部控制缺陷、操纵性应计项目和异常关联交易的控制变量模型,检验了它们各自的路径系数,如图 7－17 和图 7－18 所示,模型拟合度评价指标如表 7－4 所示。

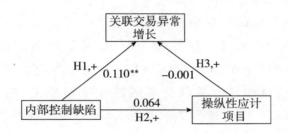

图 7－17　资产大于中位数路径系数

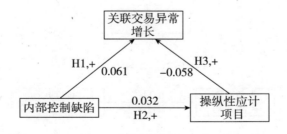

图 7－18　资产小于中位数路径系数

从图 7－17 和图 7－18 的比较分析中可以得出以下三点结论:

(1)资产规模较大样本组,内部控制对异常关联交易的抑制作用更加显著。资产规模较大样本组,内部控制缺陷对关联交易异常增长的路径系数为 0.110,大于资产规模较小样本组的路径系数 0.061。

（2）无论是资产规模较小组还是资产规模较大组,相比于会计信息质量,内部控制对关联交易异常增长的抑制作用效果更好。在资产规模较大样本组中,操纵性应计项目与关联交易的异常增长之间竟然出现了 -0.001 的路径系数。这意味着此时内部控制通过会计信息质量对异常关联交易的作用路径无效。此时,内部控制对于关联交易异常增长的抑制更为重要。

（3）相比于资产规模较大组样本,资产规模较小组内部控制对异常关联交易的间接作用路径系数更大,可以认为该组中会计信息承载了更多的内部控制信息含量。所以可以得出与大股东资金占用类似的结论,即大规模公司对于内部控制信息尤其是全面口径内部控制,而非财务报告口径内部控制的内在需求更加重要。

2. 基于业务层面控制缺陷分组比较

本部分将样本按规模中位数分为两组,基于业务层面控制缺陷,以模型（7-3）、模型（7-6）和模型（7-12）分别作为业务层面内部控制缺陷、操纵性应计项目和异常关联交易的控制变量模型,检验了它们各自的路径系数,如图 7-19 和图 7-20 所示。模型拟合度指标如表 7-5 所示。

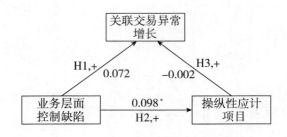

图 7-19   资产大于中位数路径系数

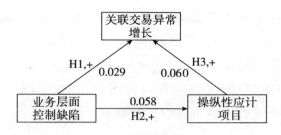

图 7 - 20　资产小于中位数路径系数

通过对图 7 - 19 和图 7 - 20 的比较分析中可以得出以下四点结论：

（1）资产规模较大样本组,内部控制对异常关联交易的抑制作用更加显著。资产规模较大样本组,内部控制缺陷对关联交易异常增长的路径系数为 0.072,大于资产规模较小样本组的 0.029。

（2）无论是资产规模较小组还是资产规模较大组,相比于会计信息质量,内部控制对关联交易异常增长的抑制作用效果更好。这表现为在内部控制对关联交易异常增长的直接路径系数（0.072 和 0.029）大于会计信息质量对关联交易异常增长作用的路径系数（ - 0.002 和 0.060）。

（3）尽管在资产规模较大组样本中,业务层面控制缺陷对操纵性应计项目的路径系数为 0.098,大于资产规模较小组样本的 0.058,但是因为在资产规模较大样本组中,操纵性应计项目与关联交易异常增长之间的路径系数为 - 0.002。这意味着此时内部控制通过会计信息质量对异常关联交易的作用路径无效。于是,在资产规模较大组样本中,内部控制对于关联交易异常增长的抑制更为重要。

（4）相比于资产规模较大组样本,资产规模较小组内部控制对异常关联交易的间接作用路径系数更大,可以认为该组中会计信息承载了更多的内部控制信息含量。所以可以得出与大股东资金占用类似的结论,即大规模公司对于内部控制信息尤其是全面口径内部控制,而非财务报告口径内部控制的内在需求更加重要。

四、按第一大股东持股比例分样本路径系数

本部分将整体样本按照第一大股东持股比例 50% 为限,分为两组：

第一大股东持股比例大于 50% 的样本组；第一大股东持股比例小于 50% 的样本组。不区分内部控制缺陷类型，以模型（7 - 1）、模型（7 - 4）和模型（7 - 10）分别作为内部控制缺陷、操纵性应计项目和异常关联交易的控制变量模型，检验了它们各自的路径系数，如图 7 - 21 和图 7 - 22 所示，模型拟合度评价指标如表 7 - 4 所示。

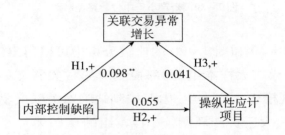

图 7 - 21　　股权比例大于 50 % 路径系数

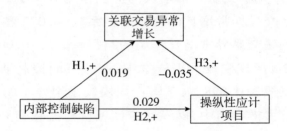

图 7 - 22　　股权比例小于 50 % 路径系数

通过对图 7 - 21 和图 7 - 22 的比较分析中可以得出以下四点结论：

（1）与大股东资金占用模型不同，第一大股东持股比例较高时，会计信息中承载了更多的内部控制缺陷信息。如图 7 - 21 和图 7 - 22 所示，持股比例小于 50% 样本组中，内部控制对会计信息质量路径系数为 0.029，小于持股比例大于 50% 样本组的路径系数 0.055。

（2）在持股比例较小样本中，操纵性应计项目与关联交易异常增长的路径系数为 - 0.035，这直接导致了内部控制通过会计信息质量作用于异常关联交易的路径的无效。这可能是因为当第一大股东持股比例小于 50% 时，会通过非公允关联交易侵占大股东行为，并进而操纵会计信息,隐瞒侵占行为,从而导致了会计信息投资者保护路径的失效。

(3)相比于持股比例较大样本的路径系数 0.098,持股比例较小样本内部控制对关联交易异常增长的直接作用路径系数 0.019 也相对较小。这意味着当第一大股东持股比例较低时,内部控制的直接路径与间接路径都不显著。

(4)无论是第一大股东持股比例较高样本,还是持股比例较低样本,内部控制对异常关联交易的直接路径系数 0.098 和 0.019,均大于它们各自通过会计信息质量作用于异常关联交易的间接路径系数。

第五节 权益资本成本路径系数分析

本部分数据取自公司年报与 CSMAR 数据库、WIND 数据库。截至 2009 年 12 月 31 日,沪市和深市上市 A 股公司共计 1725 家,本书剔除了金融业公司 32 家,中小板上市公司 327 家,无法取得相关数据公司 780 家,最后得到样本公司 586 家。路径系数分析所用软件为 AMOS17.0。

一、内部控制缺陷的路径系数

不区分内部控制缺陷类型,以模型(7 - 1)、模型(7 - 4)和模型(7 - 13)分别作为内部控制缺陷、操纵性应计项目和权益资本成本的控制变量模型,得出内部控制缺陷对会计信息质量的路径影响系数如图 7 - 23 所示,模型拟合度评价指标如表 7 - 6 所示。

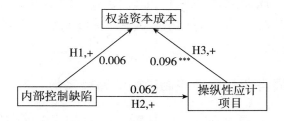

图 7 - 23 全部缺陷对权益资本成本的作用路径

表 7 - 6　内部控制全部缺陷模型拟合度评价指标

拟合度指标	全部缺陷	资产 >中位数	资产 <中位数	持股比例>50%	持股比例<50%	评价指标
GFI	0.772	0.799	0.796	0.766	0.765	越大越好
AGFI	0.729	0.758	0.755	0.721	0.720	越大越好
RMSEA	0.110	0.104	0.103	0.110	0.109	<0.1,越小越好

　　在图 7 - 23 中,内部控制缺陷与权益资本成本的路径系数为 0.006,操纵性应计项目与权益资本成本占用的路径系数为 0.096。

　　从图 7 - 23 中可以看出,内部控制对权益资本成本的作用路径与前面所述对大股东资金占用及异常关联方交易的路径显著不同,具体表现为以下两点:

　　(1)内部控制对权益资本成本的直接作用路径并不显著。这可能是因为权益资本成本以资本市场所获知的信息为基础,但目前国内资本市场并未强制披露内部控制信息,社会公众投资者,甚至于证券投资机构对内部控制认同度不高,所以,内部控制的信息可能并未包含在权益资本成本的定价因素中。

　　(2)会计信息质量对于权益资本成本的作用路径比较显著,这是因为会计信息本身是一个成熟并且资本市场认可度高的信息系统。所以,会计信息已在权益资本成本模型中被定价,这表现为权益资本成本与操纵性应计项目显著相关的路径系数为 0.096。

　　如前所述,内部控制对大股东资金占用及异常关联交易均有显著的抑制作用,但其对权益资本成本的路径作用系数较小,意味着内部控制的作用并未得到资本市场的认可与关注,所以,强制披露内部控制信息是必要和有意义的。

二、公司层面与业务层面控制缺陷的路径系数

　　以模型(7 - 2)、模型(7 - 5)和模型(7 - 14)分别作为公司层面内部控制缺陷、操纵性应计项目和权益资本成本的控制变量模型,得出公司

层面内部控制缺陷对会计信息质量的路径影响系数如图 7 - 24 所示,模型拟合度指标如表 7 - 7 所示。以模型(7 - 3)、模型(7 - 6)和模型(7 - 15)分别作为业务层面内部控制缺陷、操纵性应计项目和权益资本成本的控制变量模型,得出业务层面内部控制缺陷对会计信息质量的路径影响系数如图 7 - 25 所示,模型拟合度评价指标如表 7 - 7 所示。

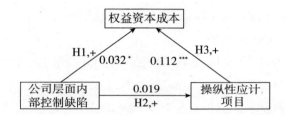

图 7 - 24 公司层面内部控制缺陷对权益资本成本的作用路径

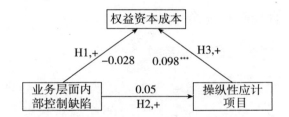

图 7 - 25 业务层面内部控制缺陷对权益资本成本的作用路径

表 7 - 7 业务层面与公司层面控制模型拟合度评价指标

拟合度指标	业务层面控制			公司层面控制		
	全体样本	资产 > 中位数	资产 < 中位数	全体样本	持股比例 > 50%	持股比例 < 50%
GFI	0.772	0.767	0.760	0.772	0.766	0.765
AGFI	0.728	0.723	0.715	0.729	0.721	0.720
RMSEA	0.110	0.117	0.107	0.110	0.110	0.109

从对图7—24和图7—25的比较分析中可以得出以下三点结论：

（1）基于权益资本成本的视角，公司层面缺陷更难反映在会计信息中，主要表现为公司层面缺陷对操纵性应计项目的路径系数为0.019，小于业务层面缺陷对操纵性应计项目的路径系数为0.05。

（2）无论是公司层面内部控制还是业务层面内部控制，其对权益资本成本的路径系数（0.032 和 -0.028）都小于会计信息质量的路径系数（0.112 和0.098），这意味着权益资本成本反映的信息中，会计信息相比于内部控制信息占有更大比重。

（3）相比于业务层面内部控制，公司层面内部控制对权益资本成本的影响更加重要。尽管权益资本成本中反映的内部控制信息含量有限。但是，公司层面内部控制对权益资本成本的影响更加重要。这主要反映在公司层面内部控制对权益资本成本的路径系数为0.032，而且相对显著。但是业务层面控制的路径系数为负，这意味着业务层面控制缺陷对权益资本成本的直接路径完全失效。

三、按规模分样本比较路径系数

SOX法案按照公司规模确定SOX法案规定执行的日程安排及所执行法规的差异。那么规模是否是影响内部控制对权益资本成本路径系数的重要原因呢？

1. 基于全部内部控制缺陷分组比较

本部分将样本按规模中位数分为两组，不区分内部控制缺陷类型，以模型（7-1）、模型（7-4）和模型（7-13）分别作为内部控制缺陷、操纵性应计项目和权益资本成本的控制变量模型，检验了它们各自的路径系数，如图7-26和图7-27所示，模型拟合度评价指标如表7-8所示。

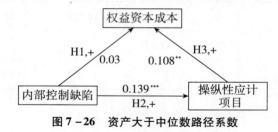

图7-26　资产大于中位数路径系数

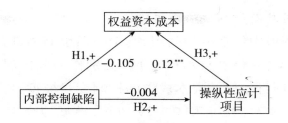

图 7 - 27 资产小于中位数路径系数

表 7 - 8 基于权益资本成本内部控制全部缺陷模型拟合度评价指标

拟合度指标	全部缺陷	资产 > 中位数	资产 < 中位数	持股比例 >50%	持股比例 <50%	评价指标
GFI	0.770	0.862	0.775	0.733	0.766	越大越好
AGFI	0.727	0.764	0.732	0.684	0.721	越大越好
RMSEA	0.117	0.095	0.095	0.125	0.096	越小越好

从对图 7 - 26 和图 7 - 27 的比较分析中可以得出以下四点结论：

（1）在小规模样本组中，内部控制缺陷对权益资本成本及操纵性应计项目的路径系数均为负。这意味着内部控制信息既未反映在权益资本成本中，直接路径失效。内部控制信息亦未反映在操纵性应计项目中，间接路径失效。

（2）与较小规模样本组比较，大规模样本组的会计信息中承载了更多内部控制信息。主要表现为大规模样本组内部控制缺陷对操纵性应计项目 0.139 的路径系数，大于小规模样本组 - 0.004 的路径系数。

（3）大规模样本组内部控制缺陷对权益资本成本的路径系数为 0.03，虽然并不显著，但与较小规模样本组比较，对权益资本成本的作用效应略强。

（4）无论是大规模样本组还是小规模样本组，会计信息质量对权益资本成本的影响均大于内部控制对权益资本成本的影响效应。

2. 基于公司层面控制缺陷分组比较

将样本按规模中位数分为两组,基于公司层面内部控制缺陷,以模型(7-2)、模型(7-5)和模型(7-14)分别作为公司层面内部控制缺陷、操纵性应计项目和权益资本成本的控制变量模型,检验了它们各自的路径系数,如图7-28和图7-29所示,模型拟合度评价指标如表7-9所示。

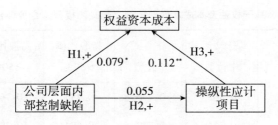

图 7-28 资产大于中位数路径系数

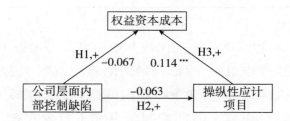

图 7-29 资产小于中位数路径系数

表 7-9 基于公司规模分类模型拟合度评价指标

拟合度指标	业务层面控制			公司层面控制		
	全体样本	资产 > 中位数	资产 < 中位数	全体样本	资产 > 中位数	资产 < 中位数
GFI	0.770	0.801	0.775	0.770	0.862	0.773
AGFI	0.727	0.763	0.732	0.727	0.764	0.730
RMSEA	0.117	0.095	0.095	0.117	0.095	0.095

从对图 7 - 28 和图 7 - 29 的比较分析中可以得出以下四点结论：

（1）与之前得出的结论一致，在小规模样本组中，内部控制缺陷对权益资本成本及操纵性应计项目的路径系数均为负。这意味着内部控制信息既未反映在权益资本成本中，直接路径失效。内部控制信息亦未反映在操纵性应计项目中，间接路径失效。

（2）与较小规模样本组比较，大规模样本组的会计信息中承载了更多内部控制信息。主要表现为大规模样本组内部控制缺陷对操纵性应计项目 0.055 的路径系数，大于小规模样本组 - 0.063 的路径系数。

（3）大规模样本组内部控制缺陷对权益资本成本的路径系数为 0.079，与较小规模样本组的路径系数 - 0.067 比较，对权益资本成本的作用效应略强。

（4）无论是大规模样本组，还是小规模样本组，会计信息质量对权益资本成本的影响均大于内部控制对权益资本成本的影响效应。

3. 基于业务层面控制缺陷分组比较

将样本按规模中位数分为两组，基于业务层面内部控制缺陷，以模型（7 - 3）、模型（7 - 6）和模型（7 - 15）分别作为业务层面内部控制缺陷、操纵性应计项目和权益资本成本的控制变量模型，检验了它们各自的路径系数，如图 7 - 30 和图 7 - 31 所示，模型拟合度评价指标如表 7 - 9 所示。

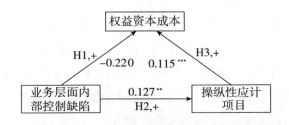

图 7 - 30 资产大于中位数路径系数

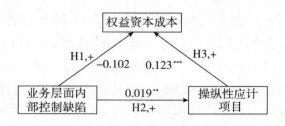

图 7-31　资产小于中位数路径系数

与之前的结论一致,会计信息质量对权益资本成本模型的作用远大于业务层面控制的影响。除此之外,还可以得到以下两点结论:

(1)无论公司规模大小,业务层面控制对权益资本成本的影响路径系数都是负的,这意味着业务层面控制对权益资本成本的直接作用路径无效。

(2)公司规模较大时,业务层面控制的信息能够更好地反映在会计信息中。具体表现为:在公司规模较大时,业务层面控制对操纵性应计项目路径系数 0.127 远大于公司规模较小样本的路径系数 0.019。这也是与公司层面控制研究不同的地方。

第六节　研究结论

从前述的研究中可以得到以下五个方面的结论:

(1)普遍而言,内部控制对投资者保护的直接路径效应大于内部控制通过会计信息作用于投资者保护的间接路径效应。这意味着基于财务报告口径的内部控制并不能反映内部控制对投资者保护的效果。所以,无论是内部控制设计,还是内部控制信息披露,都应基于全面口径的内部控制,而不能仅仅局限于基于财务报告口径的内部控制。

(2)内部控制与会计对投资者保护的目标具有异质性。基于投入资本安全性的投资者保护目标,内部控制的作用效应要大于会计信息质量的作用效应。基于期望收益率(权益资本成本)的投资者保护目标,会计信息质量的作用效应要大于内部控制的作用效应。

(3)公司层面内部控制与业务层面内部控制对投资者保护的作用效应略有不同。

基于投入资本安全性的投资者保护目标,公司层面缺陷对投资者保护的直接路径效应略高于业务层面缺陷。这可能是因为公司层面控制对于公司而言更加重要,业务层面控制可能更加有助于减少公司无意识的舞弊行为,对于大股东有意为之的行为作用相对较弱。

基于权益资本成本的投资者保护目标,相比于公司层面控制,业务层面控制对于权益资本成本的作用效果表现更弱。这是因为在内部控制信息未被要求强制披露时,业务层面控制缺陷的信息可能更难反映和传递到资本市场上。

(4)公司规模会影响内部控制对投资者保护的效应。无论是基于投入资本安全性的投资者保护目标,还是基于权益资本成本的投资者保护目标,公司规模越大,内部控制直接路径作用效果越好。

但是,基于投入资本安全性的投资者保护目标,公司规模越小,会计信息承载的内部控制信息含量越高,间接路径作用效果越好。而基于权益资本成本的投资者保护目标,公司规模越大,会计信息承载的内部控制信息含量就越大,从而间接路径作用效果越好。这可能是因为公司规模越大,其对外传递信息的渠道可能会很多,从而会使得内部控制的信息反而更有可能被资本市场定价。

(5)无论是否显著,内部控制对投资者保护的路径系数普遍较小,这意味着内部控制对投资者保护整体状况并不容乐观。相比于投入资本安全性的目标,内部控制对权益资本成本目标路径系数更小,这意味着资本市场并没有将内部控制信息予以定价。

第八章　研究结论与政策建议

本书在理论与实证研究基础上,提出了内部控制对投资者保护的直接与间接作用路径,并实证检验了内部控制对投资者保护作用程度及路径系数。本书通过研究,构建了投资者保护的理论框架及投资者保护的评价框架体系。在此基础上,分别对内部控制对投资者保护的直接路径、间接路径进行了实证检验,得出了一系列的研究结论。

第一节　研究结论

通过对本书的研究,可以得出以下七点结论:

(1)可以基于契约视角,识别与认定内部控制缺陷。在我国自愿披露的制度背景下,诸多实证研究已经证明了公司自愿披露的内部控制信息不能反映公司内部控制质量水平。所以,基于内部控制自我评价报告披露与否作为内部控制质量评价的标准,存在逻辑上的偏差与局限。

因为企业被视作一系列契约的集合,内部控制的产生源于对契约不完备性弥补的内在需求。当契约不能有效履约时,内部控制机制必然存在一定的缺陷。所以,可以基于契约的视角,对内部控制缺陷进行识别与认定。本书将政府、债权人、供应商与客户作为公司的重要缔约相关方,当公司与重要缔约方的契约不能有效履行时(主要表现为出现违法、诉讼以及应收账款账龄长等特征时),视作内部控制出现缺陷,予以认定。在现有自愿披露制度背景下,以契约为基础的内部控制缺陷认定无疑是最优选择。即使今后强制公司披露内部控制缺陷,基于内部控制的复杂性、公司披露内部控制缺陷的审慎性、会计师事务所审计内部控制的局限性,以契约为基础认定的内部控制缺陷,亦可被视作强制披露内部控制缺陷的有益补充。

(2)内部控制对会计信息质量有显著影响效应。本书将审计纳入内部控制对会计信息质量的影响框架,通过对内部控制缺陷、审计质量与会计信息质量之间的路径关系分析,发现公司内部控制缺陷与操纵性应计项目存在显著的正相关关系。这意味着公司内部控制与会计信息质量存在正相关。

外部审计在一定程度上会减弱业务层面内部控制缺陷对会计信息质量的负面反映。但是,外部审计的替代效应比较弱,基本上可以忽略不计。所以,尽管会计师事务所在对财务报告进行审计时,需要了解、评价与测试内部控制制度,但是,其减弱内部控制对盈余质量影响的作用有限。同时,本书观测到了由内部控制缺陷至审计费用的负的路径系数,这也在一定程度上证实了相比于业务层面内部控制缺陷,公司层面内部控制缺陷审计的困难性。所以,当内部控制存在缺陷时,财务报表审计并不能有效抑制其对会计信息质量的消极影响效应,因而并不能替代内部控制审计。

(3)内部控制与会计信息都有助于投资者保护目标的实现。内部控制质量水平越高,越有助于投资者保护目标的实现。从投入资本的安全性来看,内部控制质量水平越高,关联交易的持续性越好,大股东的资金占用越少。同时,内部控制缺陷的存在增加了企业的风险,提高了公司的权益资本成本。

会计信息质量水平越高,越有助于投资者保护目标的实现。从投入资本的安全性来看,会计信息质量对于未来关联交易的持续性及大股东的掏空行为都有显著的预测作用。会计信息质量越好,下期关联交易的持续性就越好,大股东的掏空行为也相对越不严重。同时,会计信息质量水平越高,权益资本成本越低。

(4)内部控制与会计信息在投资者保护目标的实现途径方面具有异质性。一方面,从投入资本的安全性目标来看,内部控制可以直接抑制当期大股东对资金的占用,促进当期关联交易的持续性;但是会计信息对于下期大股东资金占用与关联交易的持续性具有预测作用。内部控制对投资者投入资本的安全性的保障是一种过程保障,它可以直接制约大股东的侵占行为。会计信息并不能直接抑制当期的侵占行为,但是因为会计信息的事后反映与披露可以成为事前可以置信的威胁,从而间接抑制大股东的利益侵占行为。同时,会计信息披露也能在一定程度上预测控股股东未来的掏空行为,从而转化为对大股东的事前监督。从这个意义而言,无论会计信息质量高低,只要内部控制机制能够有效发挥作用,投入资本安全性目标都会得到很好保障。

另一方面,从权益资本成本来看,在我国目前法律法规尚未强制披露内部控制信息及内部控制社会认同度不高的情况下,内部控制对权益资本成本的直接作用效应并不显著。会计信息质量对权益资本成本的作用显著。因为会计信息质量能够反映大股东对中小股东侵占行为的信息,所以会计信息质量与权益资本成本的相关性也就意味着市场可以识别大股东对中小股东侵占行为的信息。

在将内部控制质量、会计信息质量与投资者保护纳入同一个分析框架进行路径分析时,发现基于投入资本安全性的投资者保护目标,内部控制的作用效应要大于会计信息质量的作用效应。基于期望收益率(权益资本成本)的投资者保护目标,会计信息质量的作用效应要大于内部控制的作用效应。

(5)全面口径的内部控制比基于财务报告口径的内部控制更加重要。在将内部控制质量、会计信息质量与投资者保护纳入同一个分析框架,进行路径分析时发现:

基于投入资本安全性目标来看,无论是公司层面内部控制还是业务层面内部控制,其对大股东资金占用的路径系数都远大于其通过会计信息质量的间接路径系数。无论是公司层面内部控制还是业务层面内部控制，其对异常关联交易的路径系数都远大于其通过会计信息质量的间接路径系数。

基于权益资本成本目标来看，尽管内部控制对权益资本成本的直接作用路径并不显著，但除个别模型外，内部控制对权益资本成本的直接路径系数仍然大于其通过会计信息质量的间接作用路径系数。

所以，普遍而言，内部控制对投资者保护的直接路径效应大于内部控制通过会计信息作用于投资者保护的间接路径效应。这意味着基于财务报告口径的内部控制并不能反映内部控制对投资者保护的效果。所以，无论是内部控制设计，还是内部控制信息披露，都应基于全面口径的内部控制，而不能仅仅局限于基于财务报告口径的内部控制。

（6）公司层面内部控制缺陷与业务层面内部控制缺陷对投资者保护的作用有所不同。在将内部控制缺陷对投资者保护进行多元回归时，实证研究发现，相比于业务层面缺陷，公司层面缺陷与大股东资金占用的正向关系更加显著，与关联交易持续性的负向关系也更加显著。对于权益资本成本的回归系数，公司层面缺陷的系数也略大于业务层面缺陷的系数。种种证据表明，公司层面内部控制缺陷对投资者保护的影响更加严重。

在将内部控制质量、会计信息质量与投资者保护纳入同一个分析框架进行路径分析时发现：对于大股东资金占用与异常关联交易，公司层面控制与业务层面控制作用路径相差不大，但是公司层面控制的路径系数略大于业务层面控制的路径系数，这意味着对于投入资本安全性目标而言，公司层面内部控制作用比业务层面控制作用更强。对于权益资本成本目标而言，尽管权益资本成本中反映的内部控制信息含量有限。但是，公司层面内部控制对权益资本成本的影响更加重要。这主要反映在公司层面内部控制对权益资本成本的路径系数为正，而且相对显著。但是业务层面控制的路径系数为负，这意味着业务层面控制缺陷对权益资本成本的直接路径完全失效。

所以，相比于业务层面内部控制，公司层面内部控制对投资者保护的作用更加显著。

（7）公司规模对于内部控制投资者保护效应有一定影响。基于投入资本安全性目标而言，在资产规模较大样本组，内部控制更加有助于抑制大股东对中小投资者的资金占用，从而也更加有助于投资者保护。资产规模较大样本组，内部控制对异常关联交易的抑制作用也更加显著。

基于权益资本成本而言，相比于资产规模较小样本组，大规模样本组内部控制缺陷对权益资本成本的作用效应略强。

所以，整体而言，相比于资产规模较小样本组，公司规模较大时，内部控制对投资者直接保护的路径系数相对较大。这意味着，相比于小规模公司，全面口径内部控制对于大规模公司而言更加重要。

第二节　政策建议

（1）基于权益资本成本的投资者保护目标，内部控制对投资者保护的直接路径系数均小于会计信息质量对于投资者保护的路径系数，内部控制的信息并未在资本市场上被投资者识别与定价，因而强制上市公司披露内部控制信息是有一定意义与价值的。

（2）因为内部控制对投资者保护的直接路径效应大于间接路径效应，所以，全面口径的内部控制比基于财务报告口径的内部控制更加重要。这意味着无论是制定内部控制相关政策法规，还是内部控制信息披露，均应以全面口径内部控制信息为基础。

（3）可以适当考虑以公司规模为标准确定强制披露内部控制信息的范围。在我国目前资本市场上，相比于权益资本成本目标，投入资本安全性目标更加重要。如何抑制大股东对中小股东利益侵占是重中之重。按照我们的研究，基于投入资本安全性目标，相比于大规模公司，小规模公司会计信息承载了更多内部控制信息含量，其披露内部控制信息的内在需求相对更弱。按照 SOX 法案的实践，相比于大规模公司，小规模公司执行 SOX 法案的成本相对更大。所以,相比于大规模公司,小规模公司是否有必要强制披露内部控制信息是值得商榷的。有必要考虑按照公司规模确定《企业内部控制基本规范》的适用范围。

(4)可以适当考虑以公司层面控制缺陷与业务层面控制缺陷作为缺陷分类的标准。按照本书的分析,《企业内部控制基本规范》及配套指引所确定的内部控制缺陷分类标准不易操作,在具体分类上有可能引致职业判断的重大分歧。公司层面与业务层面缺陷的分类,不仅相对容易判断,而且因为二者对投资者保护的作用有所不同,这样的分类标准对投资者的决策也是有用的。

凡是需要强制披露内部控制信息的公司,公司层面控制缺陷一律要求强制披露,对于业务层面控制缺陷可以依据是否有诉讼纠纷及涉及金额占营业额的比例来确定披露与否的标准。这样在实际进行职业判断时,更具操作上的可行性。

(5)应当采取措施,提高社会公众对内部控制认同度,增加内部控制信息的有用性。在综合路径分析中,无论内部控制对投资者保护的路径系数是否显著,内部控制对投资者保护的路径系数普遍较小,这意味着内部控制对投资者保护整体状况并不容乐观。相比于投入资本安全性的目标,内部控制对权益资本成本目标路径系数更小,这意味着资本市场并没有将内部控制信息予以定价。

所以,一方面,应当鼓励和引导上市公司加强对公司内部控制制度的建设和投入;另一方面,应加大宣传力度,增加资本市场对内部控制的认同度。一旦内部控制信息被资本市场定价,反过来也能激励公司更好地进行内部控制的建设。而且,只有资本市场对内部控制信息予以定价,强制披露内部控制信息才是有价值的。否则,强制披露的内部控制信息只是一纸空文,最终导致内部控制信息披露流于形式。

第三节　研究局限

本书研究的局限在于以下两点：

（1）数据的取得仍有一定的间接性。由于内部控制运行的不可观测性，所以在数据取得时会借鉴以往研究，采用相对间接方式取得。公司层面内部控制，以证券监管机构颁布的行政处罚公告等为依据取得，业务层面内部控制会以公司披露的重大诉讼仲裁事项作为反证其内部控制水平较低的重要指标。数据的取得及来源有一定的滞后性与间接性。

（2）囿于数据取得的复杂性和内部控制运行的相对稳定性，本书拟以 2009 年度横截面数据进行实证检验，可能不能反映随制度变迁内部控制质量变化情况。但是，基于我国内部控制自我评价报告自愿披露的制度背景，内部控制信息披露多流于形式，并无实质性的内容，所以内部控制评价数据的取得已经是现有背景下的最优选择。而且，由于公司内部控制相对稳定，横截面数据的评价对于最终实证研究结果的影响不大。所以，尽管存在以上两个研究局限，并不会对本书结论造成实质性的影响。

参考文献

[1] Andrei Shleifer and Robert W. Vishny. The Limits of Arbitrage Author. Source:The Journal of Finance,Published by:Blackwell Publishing for the American Finance Association,1997,52(1):35 − 55.

[2] Ashbaugh − Skaife,H. ,Collins,D. ,Kinney,W. The Discovery and Reporting of Internal Control Deficiencies Prior to SOX − mandated Audits [J]. Journal of Accounting and Economics,2007,44:166 − 192.

[3] Asare,S. K. ,Wright,A. Equity Analysts' Reactions to Type of Control Deficiency and Likelihood Threshold in Adverse Control Reports [C]. Paper Presented at the 2008 American Accounting Association Annual Meeting,Sarasota,FL. 2008.

[4] Assare,S. K. ,Wright,A. The Effect of Type of Internal Control Report on Users' Confidence in the Accompanying Financial Statement Audit Report[J]. Contemporary Accounting Research,2011,Accepted Article. doi:10. 1111/j. 1911 − 3846. 2011. 01080. x.

[5] Ashbaugh − Skaife,H. ,D. Collins,W. Kinney,R. ,LaFond. The effect of SOX Internal Control Deficiencies and Their Remediation on Accruals Quality[J]. The Accounting Review,2008,83(1):217 − 250.

[6] Ashbaugh − Skaife,H. ,D. W. Collins,and W. R. Kinney. The Effect of SOX Internal Control Deficiencies on Firm risk and Cost of Equity [J]. Journal of Accounting Research,2009,47 (1):1 − 43.

[7] Agrawal,A. ,Knoeber,R. C. Firm Performance and Mechanisms to Control Agency Problems Between Managers and Shareholder[J]. Journal of Financial and Quantitative Analysis,1996,31(3):377 − 397.

[8] Ahmed, A. S. , Duellman, S. Accounting Conservatism and Board of Director Characteristics: An Empirical Analysis [J]. Journal of Accounting and Economics, 2007, 43 (1): 411 – 437.

[9] Bedard, J. C. , Graham, L. Detection and Severity Classifications of Sarbanes – Oxley Section 404 Internal Control Deficiencies [J]. The Accounting Review, 2011, 86(3): 825 – 855.

[10] Bedard, J. C. Sarbanes Oxley Internal Control Requirements and Earnings Quality [J]. 2008, Available at SSRN: http://ssrn. com/abstract = 926271.

[11] Bronson, S. N. , Carcello, J. V. , Raghunandan, K. Firm Characteristics and Voluntary Management Reports on Internal Control[J]. Auditing: A Journal of Practice & Theory, 2006, 25 (2): 25 – 39.

[12] Boone, A. L. , Field, L. C. , Karpoff, J. M. , Raheja, C. G. The Determinants of Corporate Board Size and Composition: An Empirical Analysis [J]. Journal of Financial Economics, 2007, 85: 66 – 101.

[13] Beneish, M. D. , Billings, M. , Hodder, L. Internal Control Weaknesses and Information Uncertainty[J]. The Accounting Review, 2008, 83 (3): 665 – 703.

[14] Barth, M. E. , Hutton, A. P. Analyst Earnings Forecast Revisions and the Pricing of Accruals[J]. Review of Accounting Studies, 2004, 9: 59 – 96.

[15] Bertrand, M. , Mehta, Mullainathan, P. S. Ferreting out Tunneling: An Application to Indian Business Groups[J]. The Quarterly Journal of Economics, 2002, 117: 121 – 148.

[16] Botosan, C. A. Disclosure Level and the Cost of Equity Capital [J]. The Accounting Review, 1997, 72: 323 – 349.

[17] Botosan, C. A. , Plumlee, M. A. Estimating Expected Cost of Equity Capital: A Theory – Based Approach[R]. University of Utah Working Paper, 2001, Available at SSRN: http://ssrn. com/abstract = 279309.

[18] Berger, P. , Hann, R. Segment Profitability and the Proprietary and Agency Costs of Disclosure[J]. Accounting Review, 2007, 82(4): 869 – 906.

[19]Booth,P. ,Schulz,A. K. D. The Impact of an Ethical Environment on Managers' Project Evaluation Judgments Under Agency Problem Conditions[J]. Accounting Organizations and Society,2004,29(5):473 −488.

[20]Bhagat,S. ,Bolton B. Corporate Governance and Firm Performance [J]. Journal of Corporate Finance,2008,14(3):257 −273.

[21] Coles,J. ,Daniel,N. ,Naveen,L. Boards:Does one Size Fit All [J]. Journal of Financial Economics,2008,87:329 −356.

[22] Carcello,J. V. ,Neal,T. L. ,Palmerose,Z. V. ,Schol,Z,S. CEO Involvement in Selecting Board Members,Audit Committee Effectiveness,and Restatements [J]. Contemporary Accounting Research,2011(28):1 −45.

[23]De Franco,G. ,Y. Guan,H. Lu. The Wealth Change and Redistribution Effects of Sarbanes − Oxley Internal Control Disclosures[J]. 2005,Available at:http://ssrn. com/abstract_706701.

[24]Doyle,J. ,Ge,W. ,McVay,S. Determinants of Weaknesses in Internal Control over Financial Reporting[J]. Journal of Accounting and Economics,2007a,44:193 −223.

[25]Doyle,J. ,Ge,W. ,McVay,S. Accruals Quality and Internal Control over Financial Reporting[J]. The Accounting Review,2007b,82(5):1141 −1170.

[26] Deumes,R. ,Knechel,W. R. Economic Incentives for Voluntary Reporting on Internal Risk Management and Control Systems[J]. Auditing:A Journal of Practice & Theory,2008,27 (1):35 −66.

[27]De Franco,Gus and Hope,Ole − Kristian. Do Analysts' Notes Provide New Information [J]. Journal of Accounting,Auditing and Finance,2009,Forthcoming. Available at SSRN:http://ssrn. com/abstract = 1410199 or http://dx. doi. org/10. 2139/ssrn. 1410199.

[28]D'Aquila,J. M. ,D. F. Bean. Does a Tone at the Top that Fosters Ethical Decisions Impact Financial Reporting Decisions:An Experimental Analysis[J]. International Business & Economics Research Journal,2003,2 (8):41 −54.

[29] Donaldson, L. , Davis, J. H. Boards and Company Performance: Research Challenges the Conventional Wisdom [J]. Corporate Governance, 1994, 2(3):151 – 160.

[30] Dhaliwal, D. , Naiker, V. , Navissi, F. The Association Between Accruals Quality and the Characteristics of Accounting Experts and Mix of Expertise on Audit Committees[J]. Contemporary Accounting Research, 2010, 27(3):787 – 827.

[31] Dechow, P. , Dichev, I. The Quality of Accruals and Earnings: The Role of Accrual Estimation Errors [J]. The Accounting Review, 2002, 77: 35 – 59.

[32] Earley, C. E. , Hoffman , V. B. , Joe , J. R. Reducing Management's Influence on Auditors' Judgments: An Experimental Investigation of SOX 404 Assessments[J]. The Accounting Review , 2008, 83(6):1461 – 1485.

[33] Easley, D. , O'Hara, M. Information and the Cost of Capital[J]. The Journal of Finance, 2004, 59(4):1553 – 1583.

[34] Fung, S. , Gul, Ferdinand, A. Predicting Internal Control Weaknesses: Evidence from Audit Fees and Financial Reporting Quality in the Pre – SOX US Era, UK and Australia[J]. 2011, Available at SSRN: http://ssrn. com/abstract = 1899167.

[35] Francis, Jennifer, Ryan LaFond, Per Olsson, and Katherine Schipper. Costs of Equity and Earnings Attributes [J]. The Accounting Review, 2004, 79:967 – 1010.

[36] Goh, B. W. Audit Committees, Boards of Directors, and Remediation of Material Weaknesses in Internal Control[J]. Contemporary Accounting Research, 2009, 26(2):549 – 579.

[37] Guest, P. M. The Determinants of Board Size and Composition: Evidence from the UK[J]. Journal of Corporate Finance, 2008, 14:51 – 72.

[38] Goh, B. W. , Li, D. Internal Controls and Conditional Conservatism [J]. The Accounting Review, 2011, 86 (3):975 – 1005.

［39］Gebhardt，W. ，Lee，C. ，Swaminathan，B. Toward an Implied Cost of Capital［J］. Journal of Accounting Research，2003，39（1）：135 −176.

［40］Ge，W. ，McVay，S. The Disclosure of Material Weaknesses in Internal Control After the Sarbanes − Oxley Act［J］. Accounting Horizons，2005，19：137 −158.

［41］Griffin，P. A. ，Lont，D. H. ，Sun，Y. Corporate Governance and Audit Gees：Evidence of Countervailing Relations［J］. Journal of Contemporary Accounting and Economics，2008，4：18 −49.

［42］Hogan，C. H. ，Wilkins，M. S. Evidence on the Audit Risk Model：Do Auditors Increase Audit Fees in the Presence of Internal Control Deficiencies［J］. Contemporary Accounting Research，2008，25：219 −242.

［43］Harris，M. ，Artur R. A Theory of Board Control and Size［J］. Review of Financial Studies，2008，21（4）：1797 −1832.

［44］Hermanson，H. M. An Analysis of the Demand for Reporting on Internal Control［J］. Accounting Horizons，2000，14 （3）：325 −341.

［45］Hoitash，U. ，Hoitash，R. ，Bedard，G. C. Corporate Governance and Internal Control over Financial Reporting：A Comparison of Regulatory Regimes［J］. The Accounting Review，2008，84 （3）：839 −867.

［46］Hammersley，J. S. ，Myers，L. A. ，Shakespeare，C. Market Reactions to Disclosure of Internal Control Weaknesses and to the Characteristics of Those Weaknesses Under Section 302 of the Sarbanes Oxley Act of 2002 ［J］. Review of Accounting Studies ，2008，13 （1）：141 −165.

［47］Holmen，M. ，Peter H. A Law and Finance Analysis of Initial Public Offerings［J］. Journal of Financial Intermediation ，2004，13：324 −358.

［48］ Hermanson ，D. ，Krishnan，J. ，Y. Zhong. Adverse Section 404 Opinions and Shareholder Dissatisfaction Toward Auditors ［J］. Accounting Horizons ，2009，23（4）：391 −409.

［49］Hansen，J. ，Stephens，N. M. ，Wood，D. A. Entity − Level Controls：The Internal Auditor's Assessment of Management Tone at the Top［J］. 2009，3（1）：1 −13.

[50] Hosmer, L. T. Strategic Planning as if Ethics Mattered[J]. Strategic Management Journal, 1994, 15: 17 – 34.

[51] Johnson, S. , La Porta, R. , Lopez – de – Silanes F. Tunneling[J]. American Economic Review, 2000, 90(2): 22 – 27.

[52] Jensen, M. , Meckling, W. Theory of the Firm: Managerial Behavior, Agency Costs, and Ownership Structure[J]. Journal of Financial Economics, 1976, 3: 305 – 360.

[53] Jensen, K. L. , Payne, J. L. Management Trade of Internal Control and External Auditor Expertise[J]. Auditing: A Journal of Practice & Theory, 2003, 22(2): 99 – 119.

[54] Kinney, W. R. , Shepardson, R. Do Control Effectiveness Disclosures Require SOX 404(b) Internal Control Audits? A Natural Experiment with Small U. S. Public Companies[J]. Journal of Accounting Research, 2011, 49(2): 413 – 448.

[55] Krishnan, G. V. , Visvanathan, G. Reporting Internal Control Deficiencies in the Post – Sarbanes – Oxley Era: The Role of Auditors and Corporate Governance[J]. International Journal of Auditing, 2007, 11: 73 – 90.

[56] Kim, J – B. , B. Y. Song and L. Zhang Internal Control Weakness aynd Bank Loan Contracting: Evidence from SOX Section 404 Disclosures[J]. The Accounting Review, 2011, Accepted Manuscript. doi: 10. 10008 – 10036.

[57] Kim, Y. , Park, M. S. Market Uncertainty and Disclosure of Internal Control Deficiencies Under the Sarbanes – Oxley Act[J]. J. Account. Public Policy, 2009, 28 : 419 – 445.

[58] Klein, A. Audit Committee, Board of Director Characteristics, and Earnings Management[J]. Journal of Accounting and Economics, 2002, 33: 375 – 400.

[59] La Porta, R. , Lopez – de – Silanes, F. , Shleifer, A. , Vishny, R. Law and Finance[J]. Journal of Political Economy, 1998, 106: 1113 – 1155.

[60] La Porta, R. , Lopez – de – Silanes, F. , Shleifer, A. , Vishny, R. The Quality of Government [J]. Journal of Law, Economics and Organiza-

tion,1999,15:222 – 279.

[61] La Porta,R. ,Lopez – de – Silanes,F. ,Shleifer,A. ,Vishny,R. A-gency Problems and Dividend Policies Around the World[J]. Journal of Finance,2000,55:1 – 33.

[62] Linck,J. ,Netter,J. ,Yang,T. The Determinants of Board Structure [J]. Journal of Financial Economics,2008,87:308 – 328.

[63] Lambert,R. ,Leuz,C. ,Verrecchia,R. E. Accounting Information, Disclosure,and the Cost of Capital[J]. Journal of Accounting Research, 2007,45 (2):385 – 420.

[64] Leone,A. J. Factors Related to Internal Control Disclosure:A Discussion of Ashbaugh, Collins, and Kinney (2007) and Doyle, Ge, and McVay (2007) [J]. Journal of Accounting and Economics,2007,44:166 – 192.

[65] Lu,H. ,Richardson,G. ,Salterio,S. Direct and Indirect Effects of Internal Control Weaknesses on Accrual Quality:Evidence from a Unique Canadian Regulatory Setting[J]. Contemporary Accounting Research,2011, 28(1):1 – 42.

[66] Moody's. Section Reports on Internal Control:Impact on Ratings will Depend on Nature of Material Weaknesses Reported. Special Comment [R]. New York:Moody's Investors Service,Global Credit Research,2004.

[67] McMullen,D. A. ,Raghunandan,K. Rama,D. V. Internal Control Reports and Financial Reporting Problems[J]. Accounting Horizons,1996, 10(4):67 – 75.

[68] Moody's. The Second Year of Section 404 Reporting on Internal Control. Special Comment. New York: Moody's Investors Service, Global Credit Research [R]. 2006.

[69] Naiker,V. ,Sharma,D. S. Former Audit Partners on the Audit Committee and Internal Control Deficiencies[J]. The Accounting Review, 2009,84 (2):559 – 587.

[70] Newman,Patterson,Smith. The Role of Auditing in Investor Pro-

tection［J］. The Accounting Review,2005,80(1):289 – 313.

［71］Ogneva,M. ,Raghunandan,K. ,Subramanyam. K. Internal Control Weakness and Cost of Equity:Evidence from SOX Section 404 Certifications ［J］. The Accounting Review,2007(82):1255 – 1297.

［72］Prawitt,D. ,Smith,J. ,Wood,D. Internal Audit Quality and Earnings Management［J］. The Accounting Review,2009,84 (4):1255 – 1280.

［73］Peng, M. W. Zhang, S. Li X. CEO Duality and Firm Performance During China's Institutional Transitions［J］. Management and Organization Review,2007,3(2):205 – 225.

［74］Raghunandan,K. ,Rama,D. SOX Section 404 Material Weakness Disclosures and Audit Fees［J］. Auditing:A Journal of Practice & Theory, 2006,25(1):99 – 114.

［75］Stephens;N. M. Corporate Governance Quality and Internal Control Reporting Under SOX Section 302［J］. 2009. Available at SSRN:http:// ssrn. com/abstract = 1313339.

［76］Verschoor,C. C. A Study of the Link Between a Corporation's Financial Performance and its Commitment to Ethics［J］. Journal of Business Ethics,1998,17(13):1509 – 1516.

［77］Wolfe,C. J. ,Mauldin ,E. G. ,Diaz,M. C. Concede or Deny:Do Management Persuasion Tactics Affect Auditor Evaluation of Internal Control Deviations［J］. The Accounting Review ,2009,84(6):2013 – 2037.

［78］Holmen M. ,Hogfeldt P. . Pyramidal Discounts:Tunneling or Overinvestment［R］. NBER Working paper,2003.

［79］王琨,肖星. 机构投资者持股与关联方占用的实证研究［J］. 南开管理评论,2005,8(2):27 – 33.

［80］唐宗明,蒋位. 中国上市公司大股东侵害度实证分析［J］. 经济研究,2002,4:21 – 29.

［81］余明桂,夏新平. 控股股东、代理问题与关联交易:对中国上市公司的实证研究［J］. 南开管理评论,2003,6:41 – 52.

［82］刘峰,魏明海,贺建刚. 控制权、业绩与利益输送——基于五粮

液的案例研究[J].管理世界,2004,9:56-70.

[83]杨雄胜,李翔,邱冠华.中国内部控制的社会认同度研究[J].会计研究,2007,8:60-67.

[84]李明辉,何海,马夕奎.我国上市公司内部控制信息披露状况的分析[J].审计研究,2003,1:38-43.

[85]杨有红,汪薇.2006年沪市公司内部控制信息披露研究[J].会计研究,2008,3:35-43.

[86]魏明海,陈胜蓝,黎文靖.投资者保护研究综述:财务会计信息的作用[J].中国会计评论,2007,5(1):131-147.

[87]谢志华.内部控制:本质与结构 [J].会计研究,2009(12):70-75.

[88]朱红军,汪辉."股权制衡"可以改善公司治理吗——宏智科技股份有限公司控制权之争的案例研究[J].管理世界,2004,10:114-124.

[89]吕长江,肖成民.法律环境、公司治理与利益侵占——基于中、美股票市场的比较分析[J].中国会计评论,2009,6(2):141-160.

[90]沈艺峰,许年行,杨熠.我国中小投资者法律保护历史实践的实证检验[J].经济研究,2004,9:90-101.

[91]许年行,吴世农.我国中小投资者法律保护影响股权集中度的变化吗[J].经济学(季刊),2006,5(3):893-922.

[92]王鹏.投资者保护、代理成本与公司绩效[J].经济研究,2008,2:68-82.

[93]沈艺峰,肖珉,黄娟娟.中小投资者法律保护与公司权益资本成本[J].经济研究,2005,6:115-123.

[94]肖松,赵峰.2010法律、投资者保护与权益资本成本[J].经济与管理研究,2010,5.

[95]张人骥,刘春江.股权结构、股东保护与上市公司现金持有量[J].财贸经济,2005(2):3-9.

[96]吴育辉,吴世农.股权集中、大股东掏空与管理层自利行为[J].管理科学学报,2011,14(8):34-44.

［97］郑建明,范黎波,朱媚.关联担保、隧道效应与公司价值[J].中国工业经济,2007,230(5):64 – 70.

［98］李增泉,王志伟,孙铮."掏空"与所有权安排[J].会计研究,2004,12:3 – 13.

［99］唐清泉,罗党论,王莉.大股东隧道挖掘与制衡力量[J].中国会计评论,2005,6:52 – 65.

［100］陈晓,王琨.关联交易、公司治理与国有股改革[J].经济研究,2005,4:78 – 86.

［101］白重恩,刘俏,陆洲,宋敏,张俊喜.中国上市公司治理结构的实证研究[J].经济研究,2005,2:81 – 91.

［102］王立彦,林小驰.上市公司对外担保行为的股权结构特征解析[J].南开管理评论,2007,1:62 – 69.

［103］高雷,何少华,黄志忠.公司治理与掏空[J].经济学(季刊),2006,5(4):1157 – 1178.

［104］赵景文,于增彪.股权制衡与公司经管业绩[J].会计研究,2005,12:59 – 64.

［105］刘慧龙,陆勇,宋乐.大股东"隧道挖掘":相互制衡还是竞争性合谋——基于"股权分置"背景下中国上市公司的经验研究[J].中国会计评论,2009,7(1):97 – 110.

［106］徐晓东,陈小悦.第一大股东对公司治理、企业业绩的影响分析[J].经济研究,2003,3:64 – 74.

［107］计小青,曹啸.标准的投资者保护制度和替代性投资者保护制度:一个概念性分析框架[J].金融研究,2008,3:151 – 160.

［108］王艳艳.审计在投资者保护中的作用[J].财会月刊,2005,7.

［109］王艳艳,陈汉文,于李胜.代理冲突与高质量审计需求——来自中国上市公司的经验数据[J].经济科学,2006:2.

［110］王克敏,陈井勇.股权结构、投资者保护与公司绩效[J].管理世界,2004,7:127 – 133.

［111］王克敏,姬美光,李薇.公司信息透明度与大股东资金占用研究[J].南开管理评论,2009,12(4):83 – 91.

[112]杜兴强,郭剑花,雷宇.大股东资金占用、外部审计与公司治理[J].经济管理,2010,32(1):111 - 115.

[113]姜国华,岳衡.大股东占用上市公司资金与上市公司股票回报率关系的研究[J].管理世界,2005,9.

[114]姜付秀,支晓强,张敏.投资者利益保护与股权融资成本——以中国上市公司为例的研究[J].管理世界,2008,2:117 - 125.

[115]王化成,佟岩.控股股东与盈余质量——基于盈余反应系数的考察[J].会计研究,2006(2):66 - 73.

[116]周中胜,陈俊.大股东资金占用与盈余管理[J].财贸研究,2006,3:128 - 135.

[117]汪炜,蒋高峰.信息披露、透明度与资本成本[J].经济研究,2004(7):107 - 114.

[118]黄娟娟,肖瑕.信息披露、收益不透明度与权益资本成本[J].中国会计评论,2006,4(1):69 - 82.

[119]支晓强,何天芮.信息披露质量与权益资本成本[J].中国软科学,2010,12:125 - 131.

[120]于富生,张胜,李岩.管理者过度自信与权益资本成本——来自我国证券市场的经验证据[J].审计与经济研究,2011,26(1):72 - 79.

[121]王跃堂,涂建明.集团公司与上市公司:掏空、支持,抑或是价值最大化[J].中国会计评论,2006(4):119 - 124.

[122]吕怀立,李婉丽.股权制衡与控股股东关联交易型"掏空"——基于股权结构内生性视角的经验证据[J].山西财经大学学报,2010,32(6):92 - 97.

[123]高雷,宋顺林,薛云奎.关联交易、企业价值与公司特征——来自上市公司 2000 ~ 2004 年的经验证据[J].中国会计与财务研究,2007(9):53 - 82.

[124]洪剑峭,薛皓.股权制衡对关联交易和关联销售的持续性影响[J].南开管理评论,2008,11(1):24 - 30.

[125]薛爽,王鹏.影响上市公司业绩的内部因素分析[J].会计研

究,2004,3:78 – 87.

[126]卢闯,李小燕,孙健. 盈余质量对控股股东掏空的影响[J]. 中国软科学,2010,2:116 – 121.

[127]马曙光,黄志忠,薛云奎. 股权分置、资金侵占与上市公司现金股利政策[J]. 会计研究,2005,9:44 – 51.

[128]高雷,张杰. 公司治理、资金占用与盈余管理[J]. 金融研究,2009,5:121 – 140.

[129]杨雄胜. 内部控制范畴定义探索[J]. 会计研究,2011,8:46 – 52.

[130]王惠芳. 内部控制缺陷认定:现状、困境及基本框架重构[J]. 会计研究,2011,8:61 – 67.

[131]林斌,饶静. 上市公司为什么自愿披露内部控制鉴证报告——基于信号传递理论的实证研究[J]. 会计研究,2009,2:45 – 52.

[132]田高良,齐保垒,李留闯. 基于财务报告的内部控制缺陷披露影响因素研究[J]. 南开管理评论,2010,4:134 – 141.

[133]高明华,马守莉. 独立董事制度与公司绩效关系的实证分析——论中国独立董事有效行权的制度环境[J]. 南开经济研究,2002,2:64 – 68.

[134]王跃堂,赵子夜,魏晓雁. 董事会的独立性是否影响公司绩效[J]. 经济研究,2006,5:62 – 73.

[135]宁家耀,王蕾. 中国上市公司董事会行为与公司绩效关系实证研究[J]. 管理科学,2008,21(2):9 – 17.

[136]杨雄胜. 内部控制理论研究新视野[J]. 会计研究,2005,7:49 – 54.

[137]李志斌. 内部控制的规则属性及其执行机制研究——来自组织社会学规则理论的解释[J]. 会计研究,2009,2:39 – 43.

[138]杜海霞. 基于产权理论的内部控制本质研究[J]. 商业研究,2012,1:67 – 70.

[139]杨德明,林斌,王彦超. 内部控制、审计质量与大股东资金占用[J]. 审计研究,2009,5:74 – 80.

［140］彭小平,龚六堂.控制股东的掏空行为与公司的股权结构及公司价值［J］.中国会计评论,2011,9(3):259－282.

［141］佟岩,王化成.关联交易、控制权收益与盈余质量［J］.会计研究,2007,4:75－82.

［142］洪剑峭,方军雄.关联交易和会计盈余的价值相关性［J］.中国会计评论,2005(1):87－99.

［143］郑国坚.基于效率观和掏空观的关联交易与盈余质量关系研究［J］.会计研究,2009,10:68－76.

［144］洪金明,徐玉德,李亚茹.信息披露质量、控股股东资金占用与审计师选择——来自深市 A 股上市公司的经验证据［J］.审计研究,2011,2:107－112.

［145］李刚,张伟,王艳艳.会计盈余质量与权益资本成本关系的实证分析［J］.审计与经济研究,2008,23(5):57－61.

［146］叶康涛,陆正飞.中国上市公司股权融资成本影响因素分析［J］.管理世界,2004,5:127－142.

［147］刘继红.国有股权——盈余管理与审计意见［J］.审计研究,2009,2:32－39.

［148］章永奎,刘峰.盈余管理与审计意见相关性实证研究［J］.中国会计与财务研究,2002,4(1):1－14.

［149］杨德明,胡婷.内部控制、盈余管理与审计意见［J］.审计研究,2010,5:90－97.

后　记

　　在写完本书之后，抚案沉思，亦感慨良多。从思路确定、资料收集、几易其稿直至最终定稿，历时一年之久。尽管有诸多周折，但所幸终有成果，总算所有的辛苦没有白费。

　　在本书成稿过程中，北京工商大学谢志华教授与中央财经大学孟焰教授给予了诸多有益的建议。无论是框架思路、结构安排还是最终具体内容的撰写，都得到了两位老师的悉心指导。在书稿的撰写过程中，我常常会感动于两位老师严谨的治学态度以及宽容、大度的为人处世态度。对于两位老师的感激之情，我难以言表。

　　由于个人能力与学术水平的局限，书中必然会存在一些不够精准之处，研究的层面可能亦不够具体与深入，这都有待在今后的研究中进一步提升。随着上市公司内部控制的强制审计与自我评价报告的强制披露，制度环境的改变亦可能会影响内部控制对投资者保护路径的变化。如何衡量与确认这一变化是今后需要研究的课题。

杜海霞

2012 年 8 月于北京